TRAVELKID Reisebericht

Ecuador

Landriesen

Mit meiner Tochter auf Abenteuerreise durch Ecuador

Patrice Kragten

Impressum

1. Auflage 2020
© 2020 TRAVELKID - Patrice Kragten – Zell am See - Österreich

Text, Fotos, Umschlaggestaltung und Layout:
© Patrice Kragten

Herstellung und Verlag:
BoD - Books on Demand, Norderstedt

ISBN 978 3 7519 5071 8

www.travelkid.at | info@travelkid.at

Inhaltsverzeichnis

Vorwort

Landriesen

Mit meiner Tochter auf Abenteuerreise durch Ecuador

„Ich warte lieber, bis die Kinder etwas größer sind und mehr von der Reise haben." Ganz ehrlich, ich kann den Satz im Alltag schon nicht mehr hören. Meine Tochter Romy hat mit ihren 16 Jahren echt nicht mehr von unseren Reisen als vor 10 Jahren. Die Erfahrungen, die Reiseziele, die Aktivitäten ändern sind. Aber nicht die gemeinsame Zeit, welche besondere Erlebnisse bringen, die uns als kleine Familie zusammenschweißt und verbindet.

Fakt ist viel mehr, dass mir die Zeit davon läuft noch gemeinsam mit meiner Tochter reisen zu können. Irgendwann möchte sie ihre Fühler ausstrecken und wird das Reisen mit der Mama nicht mehr spannend genug sein. Bis die Zeit, die viel zu schnell da sein wird, haben wir uns auf einen Kompromiss einigen können, indem wir ihre Freundin auf die Reisen mitnehmen.

Und so steige ich überglücklich nicht mit einer Akte voller Beweismaterial im Flieger ein, sondern mit zwei. Beweismaterial, dass ich die Minderjährigen mit Einverständnis aller Elternteile nach Ecuador mitnehmen darf. Ein neues faszinierendes und besonderes Zeitalter des Reisens, welches ich mir nicht nehmen lassen möchte, beginnt.

Patrice Kragten

Karte Ecuador

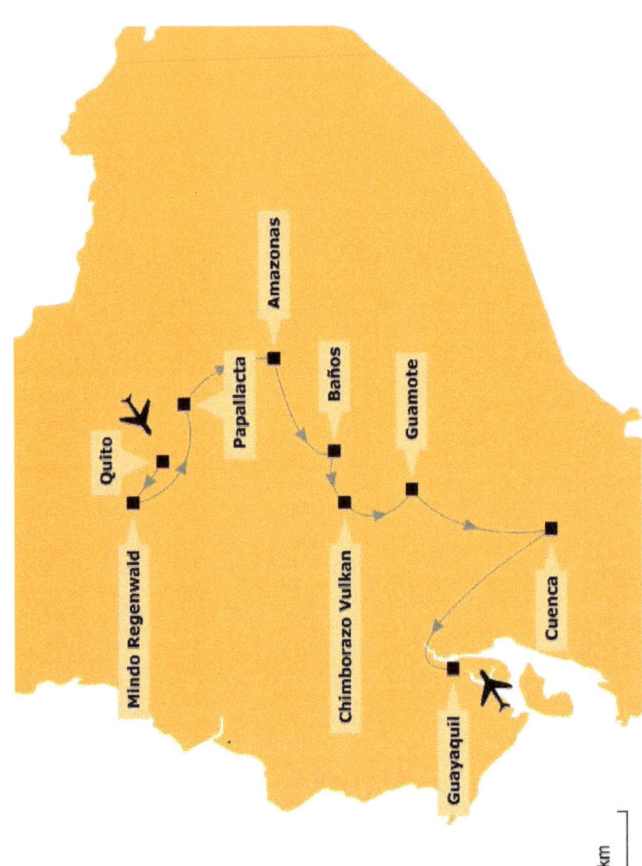

Amazonas

Papallacta

Baños

Guamote

Quito

Mindo Regenwald

Chimborazo Vulkan

Cuenca

Guayaquil

100 km

Testreise

Im schmalen Tal zwischen dem Vulkan Pichincha und dem grünen Tal des Machangara Flusses eingebettet, liegt Quito. Die Hauptstadt Ecuadors beeindruckt durch die koloniale Kultur, seine modernen Gebäude und wird, wie wir aus der Luft gesehen haben, umrandet von einem grünen Wald und einigen hohen Vulkanen. Gestern sind wir in der zweitgrößten Stadt des Landes angekommen.

Eine neue Destination dem Programm von TRAVELKID hinzuzufügen, benötigt eine 2-jährige Vorbereitung und jetzt steht die letzte und wichtigste Phase an: die Testreise. Stimmt alles, so wie ich es mit meiner Agentur ausgedacht habe? Sind die Hotels wirklich schön und kinderfreundlich? Die Aktivitäten spannend genug? Was ist kindgerecht und was nicht? Und sind die Reisedistanzen in Ordnung? In den nächsten drei Wochen kommt jedes Detail von der zweijährigen Vorbereitung zusammen. Ich bin immer gespannt, ob alles wirklich so funktioniert und es dem hohen TRAVELKID Standard entspricht. Dieses Mal habe ich, außer meiner Tochter Romy, noch ein zweites Testkind mitgenommen: Martha, eine Freundin von Romy. Für mich gleichzeitig ein neues Zeitalter im Bereich Reisen. Nicht mehr zu zweit, sondern zu dritt die Welt entdecken. Ich freue mich darauf!

Edison wartet bei der Rezeption bereits auf uns, gemeinsam mit ihm machen wir heute eine kurze Tour durch das historische Zentrum von Quito. Normalerweise werden unsere Gäste die Tagestour mit den öffentlichen Verkehrsmitteln machen, wir haben heute ein sehr straffes Programm inklusive Hotelbesuche und nicht viel Zeit, um das komplette Programm durchzutesten. Trotzdem möchte ich einen Eindruck dieser Stadt vermitteln können und, um Zeit zu sparen, führt Edison uns mit seinem Auto ins Zentrum. Von dort besuchen wir die Stadt zu Fuß.

Immer interessant finde ich Märkte. Es zeigt das tägliche Leben der Ecuadorianer und du bekommst gleich einen guten Einblick in die Kultur. Was auf dem bunten Markt auffällt, ist die enorme Vielfalt an Obst und Gemüse. Kartoffeln, Tomaten, Karotten, Äpfel, Zitronen, sehr viel ist bekannt und doch gibt es ein paar neue Obst- und Gemüsesorten für mich. Baumtomaten zum Beispiel. Oder Naranjollas, Granadillas und Guanábanas. Edison lässt uns diese Sorten kosten, was übrigens nicht bei jeder Sorte empfehlenswert ist.

Eine andere bunte Vielfalt gibt es bei den Blumen. Rosen sind das Exportprodukt Nummer 3 in Ecuador, was ich auf dieser Höhe nicht direkt erwartet hätte. Tausende Rosen in einer bunten Farbenpracht sind liebevoll ausgestellt und wenn es eine Blumenfarbe nicht gibt, wird die Farbe gemacht. Weil blaue Rosen habe ich wirklich noch nie gesehen, außer hier. Geschmacklosigkeit hat überall auf der Welt eine andere Bedeutung.

Voller Eindrücke steigen wir wieder ins Auto, es muss heute noch gearbeitet werden. Zuerst steht eine Hotelbesichtigung auf dem Programm, danach besuchen wir die Agentur. Lydia und Nicole, die engagierten holländischen Geschäftsführerinnen erwarten uns schon enthusiastisch und wir bekommen einen Rundgang durch die Abteilungen. Die verschiedenen Bereiche wie Reservierung, Buchhaltung und Verwaltung sind in einem alten kolonialen Haus voller verwinkelten Zimmern untergebracht. Ivonne habe ich gestern beim Meet & Greet im Hotel bereits kennengelernt und Alejandra ist meine direkte Kontaktperson. Sie hat das Ecuador und das Galapagos Programm für uns zusammengestellt. Immer eine interessante Sache zu sehen, wie meine Agenturen funktionieren und vor allem die Stimmung zu kennen.

Nach einem gemeinsamen Mittagessen fahren wir zurück zum Hotel. Um die Küche des Landes etwas besser kennenzulernen, habe ich am Nachmittag eine Cooking Class organisiert. Martha hat in ihrer Schule Kochunterricht und freut sich schon sehr, hier mit neuen Zutaten etwas Leckeres kochen zu können. Ich organisiere in vielen Ländern diese Kochkurse. Manchmal packen die Cooking Classes gut aus und die Speisen sind wirklich gut und schmecken hervorragend. Heute treffen wir es nicht und das liegt sicherlich nicht an Martha. Alle Speisen schauen fantastisch aus und sind mit Liebe zubereitet. Schmecken leider grausam.

Mitad del Mundo

Punkt Acht steht Carolin vor der Türe, eine spanisch sprechende Fahrerin, mit der wir heute nach Mindo fahren. Wir verabschieden uns beim Hotel Manager und Koch Carlos und verlassen die nette Hacienda. Quito selbst wacht langsam auf, der Himmel ist blau und die Sonne gewinnt jede Minute an Kraft. Behutsam lotst Carolin uns durch den frühen Verkehr, immer weiter das Tal hinaus. Rechts und links werden wir von den kargen Bergen begleitet, in der Ferne sind einige schneebedeckte Landriesen zu sehen. Immerhin befindet sich hier im Hochland der Cotopaxi, mit 5897 m der höchste aktive Vulkan der Welt. Wir sind allerdings zu einer anderen Sehenswürdigkeit unterwegs: Mitad del Mundo.

Bei Ankunft ist das Museum noch geschlossen. Hier im Museum bezeichnet ein Denkmal den Äquator – den Breitengrad 0. Neben der Kassa sind verschiedene Ausstellungsdisplays voller Informationen aufgestellt und erzählen über die virtuelle Linie, welche einmal um die Erde herumreicht und sie in eine Nord- und eine Südhalbkugel teilt. So lese ich, dass der Breitengrad 0 kein feiner Strich ist, sondern in Wirklichkeit eine Breite von bis zu 5 km hat und durch die Anziehungskraft der Pole quasi wandert. Nur am 21. Juni, dann steht der Äquator genau da, wo wir immer denken, dass er ist. Im Museum selbst trennt eine gelbe Linie am Boden die nördliche von der südlichen Hemisphäre. Was ich nicht so realisiert habe, ist, dass die Sonnenstrahlen hier das ganze Jahr genau gleich auf die Erde treffen und es dadurch am Äquator keine Jahreszeiten gibt.

Die Displays beim Eingang haben uns zusätzlich mit Motiven für lustige Fotos inspiriert. Sobald das Museum öffnet, haben wir die Allee, welche zum Denkmal führt, für uns alleine und wir versuchen hüpfend, greifend, lächelnd und küssend die Szenen von den Displays nach zu machen. Daraus sind wirklich ein paar lustige Bilder geworden.

Im Denkmal selbst fahren wir mit dem Lift nach oben. Die Aussicht über die Stadt ist fantastisch. Mittels der Stiege geht es Stock für Stock wieder nach unten. Auf jeder Ebene ist ein kleines ethnologisches Museum eingerichtet, wo die exotischen Tiere der Galapagos bis zu den verschiedensten Ureinwohnern und die großartigsten Highlights Ecuadors erklärt werden. Die Ebene mit den Experimenten zieht uns magisch an. Ich habe schon so viel davon gehört und gelesen, was am Äquator passiert, dass es jetzt ganz spannend ist, diese Experimente selbst machen zu können.

Von einem Experiment hast du sicherlich gehört. Wenn du ein Waschbecken mit Wasser füllst und den Stöpsel rausziehst, fließt das Wasser im Uhrzeigersinn weg. So geht es bei uns auf der nördlichen Hemisphäre. Im Süden passiert es genau umgekehrt. Da rinnt das Wasser gegen den Uhrzeigersinn weg. Und das stimmt. Das haben wir jetzt selbst gesehen und ausprobiert. Wie das Experiment mit dem Ei ausgeht, solltest du dir selbst anschauen!

Natürlich befinden sich auch allerhand Restaurants und Souvenirshops rundum das Denkmal. Eine echt mega kitschige Miniatur Replika vom Denkmal nehme ich als Souvenir mit nach Hause. Gleichzeitig versehen wir unsere Reisepässe von einem Stempel des Äquators.

Beeindruckt steigen wir wieder ins Auto, die nächste Station ist der Pululahua Krater, 15 Fahrminuten vom Mitad el Mindo Museum entfernt. Ich habe noch den Irazú Vulkan in Costa Rica im Kopf *(Siehe Dschungelfieber – mit meiner Tochter auf Abenteuerreise durch Costa Rica)*. Von oben schaust du in den Krater, wobei die Umgebung sich am besten wie eine Mondlandschaft beschreiben lässt. Erstaunt bin ich dann über diese Aussicht. Eine grüne Oase mit Ackerland und Weideflächen. Und sehe ich es auch richtig? Ja, tatsächlich. Da stehen unten im Krater Häuser! Wer hat sich dazu entschlossen im Krater wohnen zu müssen? Und es kommt noch schräger. Wir haben genau dort im Krater eine Reittour geplant.

Carolin lenkt das Auto behutsam die steilen grünen Vulkanflanken hinunter bis die kleine Ranch auftaucht, wo Renato die Pferde gerade sattelt. Martha hat am wenigsten, oder eigentlich gar keine Reiterfahrung, sie bekommt zwar das größte, aber gleichzeitig das langsamste Pferd vom Stall. Ich bekomme ein pfiffiges Ding und Romy ein braunes Tier, welches sehr brav ist, damit sie eine Hand frei hat und sich um Martha kümmern kann. Mein Pferd und auch das Pferd von Renato sind zu schnell für die anderen zwei, wir liegen immer etwas vorne. Die anderen zwei Pferde stört das nicht, so greifen wir nicht zu viel ein und lassen die Tiere einfach gemütlich die Runde gehen. Die Umgebung ist grün, voller Weideflächen, Blumen, Bromelien und Mais. Kleine Häuschen, teilweise in einem sehr desolaten Zustand, stehen in der Landschaft und rundum uns ragen die steilen Flanken des Pululahua Vulkans zum Himmel empor. Außer dass der Boden sehr fruchtbar sein muss, weist nichts darauf hin, dass wir uns in einem Krater befinden.

Wie eigentlich immer im Ausland bleiben wir während der Reittour im Schritt. Zu oft höre ich von Reitunfällen, weil Erwachsene oder Kinder beim Galoppieren oder Traben runterfliegen. Meistens die sehr erfahrenen Reiter. Das hat meistens damit zu tun, dass man die Pferde nicht kennt und sie doch anders reagieren als das eigene brave Pferd zu Hause. Und Martha hat gar keine Reiterfahrung. Also einfach sitzen, im Schritt gehen, die Umgebung genießen und das brave Pferd loben.

Von Pululahua sind es noch 2 Stunden bis Mindo. Eine kurvenreiche Straße führt uns aus den bewohnten Sied-lungen und wir geraten in eine üppig grüne Landschaft: Regenwald. Oder besser gesagt Nebelwald, wir sind immerhin auf 2.500 m Seehöhe unterwegs. Die Straße ist neu asphaltiert und Carolin lotst uns sehr sicher durch das Gebirge. Martha ist beim Autofahren nicht immer kurvenfest, sie fürchtet sich vor der Übelkeit schon seit dem Früstück. Aber mit ihren Speibtropfen, welche wir zu „Gute Fahrt Motivationstropfen" umbenennen, kann auch sie die grüne Umgebung genießen.

Auf halber Strecke halten wir bei einem kleinen lokalen Restaurant an. Es ist bereits halb 3, höchste Zeit für ein Mittagessen. Dazu eine Limonade, eigentlich Wasser mit viel Zitronensaft, welche du mit oder ohne Zucker bestellen kannst. An den Preis von US $ 0,60 ändert sich nichts. Dieses erfrischende Getränk wird unser ständiger Begleiter der Reise werden. Seit 2010 wurde die nationale Münze, der Sucre, abgelehnt und durch den amerikanischen Dollar ersetzt. Das hat dazu geführt, dass die Preise stabiler geblieben sind und Ecuador nicht in einen finanziellen Abgrund geraten ist. Trotzdem sind die Preise in Ecuador viel günstiger als zum Beispiel in Costa Rica. Ich zahle für ein drei Personen Mittagessen nicht mal US $ 12, ich muss fairer weise dazu sagen, dass Martha nicht viel gegessen hat und Romy und ich nur was Kleines bestellt haben. Auch weiß ich, dass die Preise sich später während der Reise noch ändern werden.

Wir biegen 30 Minuten später von der Hauptstraße nach links ein. Mindo wird auf verschiedensten Werbetafeln angekündigt, der Ort selbst ist ganz nett mit zahlreichen Restaurants und Supermärkten, einer Bank und vielen Souvenirgeschäften. Der Tourismus hat sich hier durchgesetzt, trotzdem ist der Ort klein und überschaubar geblieben.

Unsere Ecolodge befindet sich etwas außerhalb von Mindo, mitten im Regenwald, welche wir erst bei der zweiten Anfahrt erreichen. Carolin hat uns zuerst beim falschen Hotel abgeliefert. Das Problem wurde gelöst und beim richtigen Hotel beziehen wir ein zweistöckiges Häuschen, welches wir teilen. Ich schlafe oben, die Mädels unten. Die geräumigen Schlafzimmer haben Aussicht auf den Dschungel. Und ... auf eine Hängebrücke.

Vollgepackt mit Handys und Kameras müssen Instagram Storys erzählt werden. Obwohl ich inzwischen einiges an fotografischen Qualitäten und Fachwissen über Kompositionen besitze, werden all meine geschossenen Bilder abgelehnt. Vor allem Romy hat so ihre Ideen, wie die Bilder aussehen sollen und ich bringe es einfach nicht hin. Andere Generation, andere Sitten.

Martha hat den ganzen Tag, wegen der Autofahrt, nicht viel gegessen. Gemeinsam besprechen wir einen Plan für das Abendessen. Bettina von der Rezeption hat bekannt gegeben, dass es im Hotel Restaurant nur Kartoffeln und Hühnchen gibt. Da lockt der Ort selbst mehr, nur einen abendlichen Spaziergang durch die Dunkelheit lehnen wir ab. Weil das Taxifahren in Ecuador spottbillig ist, lasse ich Bettina ein Taxi anrufen. Fünf Minuten später und US $ 2 ärmer stehen wir bei El Chef del Mindo vor der Türe. Naja Türe, die Seitenwände des Restaurants sind geöffnet, es gibt nicht wirklich eine Türe. Drinnen etwas karg mit hölzernen Tischen und Sessel eingerichtet, aber freundliches Personal und viel Essen.

Die Teller sind nämlich echt groß und reichlich mit Pommes, Reis und Gemüse bis über den Rand versehen.

Nach dem Abendessen wandern wir gemütlich die Hauptstraße auf und ab. Die Geschäfte haben natürlich geöffnet, wie überall auf der Welt, da wo es Touristen gibt, außer bei uns in Zell am See. Auch in Ecuador sind Straßenhunde ein viel vorkommendes Problem. TRAVELKID sponsert die Dog Care Clinic auf Sri Lanka. Marina Möbius widmet sich den Straßenhunden und ihre Leidenschaft ist in jedem Detail spürbar. Romy hat zu Ostern einige Tage der Tierärztin in der Klinik auf Sri Lanka assistiert, während ich Hotels an der Südküste angeschaut habe. Auch Romy liebt Tiere, folgt einer Ausbildung zur Tierphysiotherapie und hat ein großes Herz für Straßenhunde bekommen. Wegen ihrer Arbeit mit den Straßenhunden ist sie gegen Tollwut geimpft und weil jeder Hund hier zumindest eine Streicheleinheit benötigt, brauche ich mir keine Sorgen mehr machen, dass sie sich mit Tollwut infiziert. Während wir auf unser Taxi warten, hat sie sich nämlich schon mit einem Hund angefreundet und gerät, sobald sie Tierhaare zwischen ihre Finger bekommt, automatisch in einen anderen Zustand. Wenn du unsere Reisen etwas verfolgst, weißt du schon, dass Romy und Tiere eine eigene Konstellation sind. Martha und ich stehen daneben und lassen sie einfach sein. Übrigens, was Romy mit Hunden hat, hat Martha mit Katzen. Ich denke, du kannst dir vorstellen, was während dieser Rundreise abgeht!

Zurück zur Schule

Vor dem Eingang des Hotels warten wir auf unser Taxi, welches wir gestern bestellt hatten. Als wir bereits 10 Minuten vergeblich warten, hält ein anderes Taxi an. Hängend aus ihrem gelben Auto fragt Elena ob wir ein Taxi benötigen. Dankbar steigen wir bei der freundlichen Dame ein und fahren zu einer Schmetterlingsfarm. Ich bin kein Fan von eingesperrten Tieren und schon überhaupt nicht von Aktivitäten mit dem Thema „Vergnügen mit Tieren", deswegen möchte ich diese Eco-Farm gerne anschauen, um selbst zu urteilen, wie der Schutz der Tiere gewährleistet wird.

Gleich nach der Ankunft lernen wir interessantes über die vier Lebensphasen eines Schmetterlings: Eier legen, Raupe werden, pupen und zu einem Schmetterling werden. Mehr gibt es darüber eigentlich nicht zu erzählen. Diese ganze Prozedur ist auch ziemlich schnell abgeschlossen. Manche Schmetterlinge leben nicht mal einige Tage. Und hast du gewusst, dass es Schmetterlinge gibt, die in ihrem kurzen Leben nichts essen? Sie haben nicht mal einen Verdauungstrakt. Interessant, oder?

Wir passieren einen doppelten Vorhang und steigen in das Schmetterlingsparadies. In einem großen Gehege voller Blumen, Naschtischen, Wasserteiche und Pupkästchen geht es den Flattertieren erstaunlicherweise wirklich gut! Fröhlich fliegen zehn verschiedene Sorten herum. Ganz im Gegenteil was man sich erwartet, fürchten sich Romy und Martha vor den Flattertieren. Was es für mich wieder sehr lustig macht. Dahingegen haben die Tiere keine Angst, bei vielen Besuchern landen die Tiere auf den Schultern, auf dem Rücken oder so wie bei mir, auf dem Bein. Ich muss aufpassen, wo ich hin steige, weil die Tiere sich am Boden genauso wohlfühlen. Der Boden ist nämlich aus einem organischen Material und steckt voller Mineralien. Eine Leckerei für die Schmetterlinge.

In den zahlreichen Kästchen an der Wand hängen die Larven. Je nachdem welche Sorte es ist, schauen die Larven ganz anders aus. Ganz grün, wie ein abgestorbenes Blatt oder glänzend gold! Die Transformation des Schmetterlings ist schon etwas gigantisches.

Nach dem Mittagessen im Restaurant des Schmetterlingsgartens lassen wir Elena anrufen und innerhalb von fünf Minuten steht sie wieder vor der Türe. Während wir zum Hotel zurückfahren, lasse ich Martha nachdenken, wie sie das Taxi für die nächste Fahrt bestellen kann. Sie hat bereits zwei Jahre spanisch in der Schule und so kann sie ihr gelerntes in die Praxis umsetzen. Als Elena tatsächlich zwei Stunde später wieder vor der Türe unseres Hotels steht, weißt Martha, dass sie das richtige gesagt hat.

Wir steigen beim El Quetzal Restaurant aus, gleichzeitig eine kleine Fabrik, in der Kakao hergestellt wird. Eine Prozedur, welche Romy und ich schon mehrmals gesehen haben, für Martha interessant, weil sie das gerade alles beim Kochunterricht in der Schule gelernt hat. Wir bekommen einen Rundgang durch die Fabrik, lernen über die Fermentierungsphase, das Trocknen, Rösten und Vermahlen der Bohnen und natürlich über die Entstehung der flüssigen Paste. Am Ende des Rundgangs gibt es natürlich eine Verkostung. Jorge, unser Guide, stellt acht verschiedene Schokoladensorten vor uns auf den Tisch. 85%, 75% und 65% Kakao, vermischt mit Ingwer, Kaffee, Meersalz und Chili. Die hochprozentige Schokolade ist schon gewöhnungsbedürftig. Der wirkliche Anschlag auf die Bitterpupillen der Zunge ist der 100%-ige pure Kakao! Ungenießbar würde ich sagen. Der Kakao-Tee lässt die Zunge dann wieder etwas aufatmen.

Wir spazieren noch ein wenig durch die Stadt, heben bei der Bank Dollars ab und bestellen im Dragonfly Inn einen guten Cappuccino und frische Säfte. Der Himmel wird immer bewölkter, die Temperatur sinkt langsam knapp unter 20 Grad, das Ambiente des Restaurants ist trotzdem gemütlich und wir staunen über die bunte Vielfalt der Vöglein, welche sich neben der Terrasse im angrenzenden Wald aufhalten. Kolibris sind die bekannteste Sorte, sonst kommt die gesamte Farbpalette der Vogelwelt vorbei. Noch bevor der Regen kommt, rufen wir Elena wieder an und sie bringt uns zum Hotel zurück. Immerhin müssen E-Mails beantwortet, das Tagebuch geschrieben und via Smart-TV Youtube Filme geschaut werden.

Am Abend fährt Elena uns nochmals in die Stadt. Romy hat in der Nähe der Schokolade Fabrik einen vegetarischen Foodtruck gesehen. Obwohl wir die einzigen Gäste sind, und nur vier Speisen zur Auswahl auf der Menükarte stehen, dauert es ewig, bis wir unser bestelltes Essen bekommen. Inzwischen reden wir über alles Mögliche, die Gesprächsthemen mit zwei Jugendlichen haben eine andere Dimension als noch vor ein paar Jahre, als die zwei kleiner waren. Immerhin kennen Romy und Martha sich schon 14 Jahre und kleine Insiderwitze brauchen nur ein halbes Wort. Hungrig stürzen wir uns auf das Essen, welches fantastisch schmeckt. Eine vegetarische Mahlzeit im Tagesablauf einzuschieben, lohnt sich hier in jedem Fall.

Heiße Quellen

Wir verlassen Mindo und ein flotter spanischsprechender Kerl fährt uns zügig nach Papallacta. Zuerst zurück nach Quito, dann links den Berg hoch. Der Antisana Vulkan, 5705 m, lässt heiße Quellen entstehen und die verschiedensten Bäder kurbeln hier den Tourismus an. Sonst hat der Ort nicht viel zu bieten, außer einige Wanderungen entlang des Pàramo Vulkans, von wo du eine herrliche Aussicht auf den mit Schnee bedeckten Gipfel hast.

Der Papallacta Fluss ist normalerweise bereits eine drehungsbehaftete Strömung, jetzt mit dem strömenden Regen zum Baden völlig ungeeignet. Das Hotel, welches wir ausgesucht haben, ist echt nett. Kleine Bassins mit unterschiedlichen Wassertemperaturen laden zum Verweilen ein. Dass es draußen regnet, stört uns überhaupt nicht, denn das Wasser ist echt herrlich warm. Martha gönnt sich noch eine Massage, so genießen wir einen relaxten Tag in und rundum die heißen Quellen.

Am nächsten Tag steht eine Fahrt nach Tena und weiter ins Amazonas Gebiet auf dem Programm. Die ganze Nacht hat es in Strömen geregnet, nicht normal! Vor zwei Wochen hat es in diesem Gebiet auch schon so geregnet. Dabei hat es auf dem Weg nach Tena eine Brücke komplett weggeschlagen. Inzwischen ist dort eine Notbrücke gebaut und der Weg wieder frei. Dachten wir.

Bei einer Straßensperre angekommen, müssen wir eine Stunde warten. Eine Mure ist abgegangen und der Weg wird gerade wieder frei geschaufelt. Wir warten geduldig im Auto, draußen regnet es immer noch heftig und der Fluss, welcher neben der Straße verläuft, hat sich zu einer reißenden Strömung verändert. Auch auf der Straße selbst rinnt das Wasser in größeren Bächen den Berg hinunter. Unterwegs haben wir mehrere Erdrutsche gesehen, wobei wir Steinen, Erde und Bäumen ausweichen mussten. Obwohl in Ecuador die Trockenzeit herrscht, habe ich während meinen Reisen schon gelernt, dass Sonne und Regen weltweit Ganzjahresbegriffe sind.

Endlich, nach einer Stunde Wartezeit, kommt der Bagger zurück zur Straßensperre. Der Fahrer steigt aus und macht ein Zeichen. Ein Zeichen, welches wir eigentlich nicht sehen möchten. „No hay paseo", sagt unser Chauffeur. Die Mure ist immer größer geworden, etwas weiter die Straße folgend, ist der Fluss über die Ufer getreten, es ist zu gefährlich, um weiter zu fahren. So stehen wir um 13 Uhr wieder da, wo wir den heutigen Tag angefangen haben. In Papallacta.

In der Diskussion mit unseren Gästen höre ich immer wieder die Aussage, „wir brauchen keinen Ansprechpartner vor Ort." Natürlich nicht, wenn du nur von A nach B fährst, ist eine Hilfe auch nicht notwendig. Gleichzeitig könnte ich ein Buch schreiben, über alles Mögliche, was während dem Reisen bei uns, bei Freunden und bei Gästen schief geht. Somit bin ich über Ivonne, die sich fast alle 10 Minuten via Telefon meldet, heilfroh. Wir besprechen wie wir die Reise jetzt ändern können. Statt über einen Umweg in 7 Stunden zum Amazonas Gebiet zu fahren, ändern wir unsere Reise und fahren gleich nach Baños, wo wir eigentlich erst in zwei Tagen ankommen sollten. Wir planen die verlorenen zwei Nächte in der Stadt, statt im Dschungel. Vor allem die Mädels freuen sich, sie hatten sowieso kein Bock auf Dschungel. Jugend.

So gesagt, so getan. Ivonne bucht unsere Hotels und Transfers inzwischen um, während wir versuchen, nicht Reisekrank zu werden. Es fällt mir im gebirgigen Ausland immer wieder auf, dass die Leute nicht Autofahren oder besser gesagt, Bergfahren können. Unser Chauffeur hat bergab nur den Fuß auf der Bremse, intervallweise. Fest, los, fest, los. Der Gang entweder zu hoch oder sogar im Leerlauf. „Mädels, es sind nur noch 45 km den Berg hinunter." Inzwischen versuchen wir es gelassen zu sehen, wie er fährt. Martha und Romy sind gerade dabei ihren L17 Führerschein zu machen und stellen fest, dass sie definitiv besser Bergstraßen fahren können als der ältere Chauffeur. In Holland gibt es keine Berge und als ich nach Österreich gekommen bin, habe ich das Bergfahren wirklich lernen müssen. Umso mehr wundert es mich, dass Menschen, die in den Bergen wohnen, es nicht können.

Nach Quito ist die Straße Richtung Baños 140 km lang und geht quasi gerade aus. Da kommen wir zwar gut voran, aber mit einer Durchschnittsgeschwindigkeit von

60 km/h, dauert es doch noch lange, bis wir in Baños ankommen.

Das Hotel ist eine Perle, obwohl es heute etwas trostlos ausschaut. Den Regen haben wir von Papallacta mitgenommen, so schaut es zumindest aus.

Weil die Temperatur am Abend nur noch 15 Grad hat, hole ich die dicke Jacke aus dem Koffer. Gut gerüstet wandern wir gemütlich durch die Stadt und finden ein nettes mexikanisches Restaurant. Das Mittagessen hat sich während der Fahrt auf Wasser, zwei Kekse und drei Süßigkeiten reduziert. Wir haben echt Lust auf was Gutes. Und schmecken tun sie. Die Tacos und die Burritos!

Tierretter

Pablo wartet bei der Rezeption. Eigentlich hätten wir morgen von Tena nach Baños fahren sollen und dabei einige Sehenswürdigkeiten anschauen wollen. Heute machen wir diese Ausflüge als Tagesausflug. Der erste Stopp ist auf einem Parkplatz mit Aussicht auf einen Wasserfall. Beim Anblick des braunen wirbelnden Wassers, stelle ich fest, dass die Menge an Wasser mehr sein muss als es normalerweise der Fall ist. Für die Besichtigung eines Wasserfalls fantastisch, obwohl die braune Brühe nicht wirklich einladend für ein Bild wirkt.

Nach 10 Minuten Weiterfahrt biegen wir rechts von der Straße ab und gelangen zum Parkplatz des Pailón de Diablo Wasserfalls. Hier haben wir eine Stunde Zeit, um den Wasserfall selbstständig zu besichtigen. Ein Wanderweg führt zu verschiedenen Abschnitten hin und darauf war ich nicht vorbereitet. Die festen Schuhe stehen nämlich noch im Zimmer und meine sommerlichen Sandalen sind alles, außer wasserfest. Hüpfend über kleine Lacken wandern wir den rutschigen glitschigen Weg hinunter, wobei die Füße sowie die Haare und Jacke immer nässer werden. Es hat nämlich wieder zu regnen begonnen. Mit einer unbändigen Wucht schießt das braune Wasser durch die engen Felshänge. Zwischen moosigen Steinen, idyllischen Buchten und zerklüfteten Gesteinswänden führt der Pfad an verschiedensten

Wasserfällen vorbei. Eine spektakuläre Hängebrücke über die Schlucht mit Aussicht auf den größten Wasserfall macht die Wanderung zu einem spannenden Ausflug. Die üppige Natur ist stiller Begleiter, aber nicht weniger imponierend.

Durch das schlechte Wetter melden wir uns schneller als erwartet zurück bei Pablo. Er startet das Auto, damit wir das nächste Ziel ansteuern können. Baños liegt auf so 1800 Meter Seehöhe. Puyo, wo wir jetzt hinfahren, auf 900 Meter. Das bedeutet zum einen, dass wir fast 1000 Höhenmeter zu bewältigen haben. Und gleichzeitig, typisch für Ecuador, dass wir in ein anderes Klima gelangen. Die Wolken und der Regen verschwinden während der Fahrt und machen Platz für die Sonne. Als wir 1,5 Stunden später aussteigen, bemerken wir einen Temperaturunterschied von locker 8 bis 10 Grad. Wie herrlich! Am Horizont hinter uns sehe ich die Wolken und die üppig bewachsenen Berge. Von dort sind wir gekommen. Vor uns ein eher flaches Tal mit einem blauen Himmel. So wie die Ecuadorianer sagen: am Äquator ist das Wetter unberechenbar.

Etwas außerhalb von Puyo liegt das Yanacocha Animal-Rescue-Center. Hier werden verwaiste und verletzte Wildtiere aus dem Regenwald aufgepäppelt, bis sie wieder ausgesetzt werden können. Oder sie bekommen hier ein Zuhause, wenn der Weg in die freie Wildbahn nicht mehr möglich ist. Es wimmelt von Volontären, die viel Geld zahlen, um hier ein Praktikum machen zu können. Das Hippie Gehalt ist sehr hoch. Bei der Kassa zahle ich den Eintritt und über schmale Pfade wandern wir durch den Wald von Käfig zur Insel und vom Teich zurück zum Käfig. Es hat ein wenig von einem Zoo, allerdings in einer traumhaft schönen Umgebung. Ich bin kein Fan von all diesen eingesperrten Tieren und schon gar nicht, wenn die Käfige zu klein oder nicht naturnahe sind. Viel Platz haben zum Beispiel die Kaimänner, die ihren Teich mit kleinen Flussschildkröten teilen. Die Wollaffen dahingegen sind relativ groß und könnten flüchten. Weil sie in freier Wildbahn nicht überleben, leben sie ein eingesperrtes Leben. Meiner Meinung nach könnte das Gehege etwas größer sein. Die kleinen Springaffen befinden sich auf einer Insel und haben wieder jede Menge Platz. Es ist nicht immer gerecht verteilt. Darüber hinaus lernen wir Tierarten kennen, welche wir noch nie zuvor gesehen haben. Immerhin bin ich zum ersten Mal in Südamerika unterwegs. Obwohl die Distanz zu Costa Rica ziemlich nah ist, ist ein Teil der Tierwelt komplett anders.

Am Ende des Durchgangs sind wir hungrig geworden, bei der Küche wird uns von der Hängematte heraus zugerufen „Volunteers only." Okay Lady, verstanden. Es gibt hier kein Restaurant für Gäste. Dann fahren wir zum Zentrum von Puyo, um ein Mittagessen zu ergattern. Pablo schaltet inzwischen einen Hotspot frei und die Mädels suchen sich über Google ein Restaurant aus. Obwohl der Pfeil und die Lokation vom Restaurant wirklich hierhin zeigen, finden wir kein Restaurant mit dem Namen Georgina Mexican Restaurant. Es ist merkwürdig und es wird uns noch öfters passieren, dass wir gut bewertete Restaurants aus Google – wahrscheinlich „wegen Reichtum" - nur noch geschlossen vorfinden. Pablo schlägt vor nach Baños zurück zu fahren und entlang der Straße etwas zu suchen. So getan.

Nach einem guten Mittagessen und einer 1,5 stündigen Fahrt den Berg wieder hoch, kommen wir oberhalb von Baños bei der Casa del Arbol an. Hier beim Baumhaus befinden sich zwei riesige Schaukeln, wobei der Abgrund vor allem tief ist. Ein nervöses Kichern verlässt Romys Mund beim Anblick der Schaukeln. Martha hat etwas mehr Mut und kann es kaum erwarten, auf der Schaukel einzusteigen. Weil es eine kleine Warteschlage vor der großen Schaukel gibt, schwingen die Mädels sich erst einmal bei einer kleinen Schaukel ein. Es ist neblig, dadurch fehlt die unendliche Aussicht bis 500 Meter ins Tal hinunter, was den Adrenalingehalt in Grenzen hält. Etwas lauter geht es bei den zwei großen Schaukeln zu. Ein junger Kerl, ich schätze ihn so 24 – 25 Jahre, schreit, als ob er kurz vorm Sterben ist. Ich denke, dass die Leute bis nach Quito das Schreien gehört haben! Ein guter Grund für den Mann mit dem fantastischen Beruf: Schaukel-Antaucher noch etwas mehr Gas zu geben. Er hat dazu eine eigene Technik entwickelt, um die Höhe und die Geschwindigkeit zu schaffen. Dieses Geschreie musst du erst mal aushalten! Unfassbar. Aber der kleine Schaukel-Antaucher geht ungestört weiter vor.

Romy ist als erste dran. Mit einer einfachen Sicherung setzt sie sich auf das Brett und los geht es. Sobald sie genug Höhe und Speed hat, gehen auch die Arme seitlich weg, was gute Bilder macht. Als Martha dran ist, kommt auch die Sonne etwas zum Vorschein, was der nebligen Suppe mehr Dimension gibt. Eine lustige Geschichte!

Am Ende des Tages steht noch eine Hotelbesichtigung an. Dabei werden wir zu einem Kaffee und Eis eingeladen und genießen die fantastische Aussicht über Baños. Als wir dann am Abend zufälligerweise beim kleinen Swiss Restaurant landen, bewerten die Mädels den Tag mit einer glatten Eins!

Cooking Class Quito | Mitad del Mundo Äquator

Hängebrücke Mindo | Yanacocha Animal-Rescue-Center

Casa del Arbol Schaukel | Flying Fox Baños

Tierisch

Den heutigen Tag darf Romy bestimmen. Das heißt zuerst mal ausschlafen und frühestens um 10 Uhr das Zimmer verlassen. Das gibt mir die Gelegenheit das Tagebuch zu aktualisieren und E-Mails zu beantworten. Manuela sitzt heute allein im Büro und benötigt wichtige Informationen. Das Frühstück war am Vortag im Hotel echt ungenießbar, Romy möchte in der Stadt etwas „Gescheites" essen, so landen wir in einem netten Lokal. Die dänische Besitzerin dahingegen ist aufdringlich und redet viel, als ob sie schon seit 3 Monaten mit niemanden mehr gesprochen hat! Uff, die Frau ist anstrengend. Wir bestellen Sandwiches und bekommen gute selbstgemachte Brötchen reichlich gefüllt mit Käse, Schinken, Tomaten, Zwiebeln und Guacamole. Dazu Smoothies und einen Cappuccino. Eines muss ich zugeben, ihre Brötchen schmecken gut!

Danach suchen wir einen Supermarkt und eine Bank auf. Das Zentrum rundum den kleinen Park und die Basilika de Nuestra Señora del Aqua Santa ist ziemlich relaxt und weitgehend sicher. Bekannt ist Baños für seinen Rohrzucker, woraus Alfeñique gemacht wird. Eine Süßigkeit, welche an den Ladeneingängen in langen elastischen Striemen über einen Ast geschlagen und gedehnt wird. So lange, bis sie die richtige Konsistenz zum Verzehr erreicht hat. Zahlreiche Souvenirshops bedienen die

Touristen mit Mitbringsel aus Ecuador, die Anbieter von Tagestouren mit Rafting, Canyoning oder sonstiges.

Romy hat sich für den heutigen Tag etwas anders überlegt. Oben am Berg hat sie große Buchstaben „Dino Park" gesehen. Unserem Tierfreund ist es wirklich egal, wie alt oder hässlich Tiere sind, sie liebt sie alle. Auch Dinos. Ich kann mich noch erinnern, vor Jahren hat es bei uns in der Nähe einen Dino Park gegeben und schon damals, ich denke sie war 6 Jahre, mussten wir jedes Wochenende zu den Dinos fahren. Heute schnappen wir uns ein Taxi, er soll uns zum Dino Park hinbringen. Nur schaut der Park trostloser aus, als er von unten ausgeschaut hat. Als sich dann noch herausstellt, dass der Park nur interessant ist, wenn du eine App runterlädst, müssen wir, wegen zu wenig Speicherplatz auf dem Handy und keiner Internetverbindung absagen.

Der Dino Park befindet sich entlang der gleichen Straße, welche zur Casa del Arbol führt. Gestern haben wir eine Werbetafel gesehen mit Bildern, welche zum Reiten einladen. Martha erklärt dem Taxifahrer, der beim Dino Park geduldig auf uns gewartet hat, dass wir Reiten möchten und bringt uns zu einer Art Streichelzoo. Das haben wir so nicht geplant, jedoch sind die Kinder beim Anblick der Ziegen, Lamas und Meerschweinchen hilflos verloren. Der Chauffeur wartet dieses Mal nicht in seinem Auto, er folgt uns durch den Park und organisiert Futter für die Tiere. Mit einem großen Becher voller Karotten kommt er zurück und die Karotten gelangen Stück für Stück in die hungrigen Mäulchen der

Meerscheinchen, Falabella Ponys und ein Zebroid. Ja, im Stall steht tatsächlich eine Kreuzung zwischen Pferd und Zebra. Was steckt da wohl für eine Geschichte dahinter? Zebras befinden sich nämlich am anderen Ende zweierlei Ozeane!

Eine Baby Ziege hat sich mit Martha angefreundet und wird schnell zu Bubi umbenannt. Das junge Tierchen folgt Martha überall hin und als es versucht oben auf einem Holzblock zu klettern, jedoch noch sehr ungeschickt ist und immer wieder runterfällt, bricht es Martha das Herz. Sie möchte Bubi unbedingt mit nach Hause nehmen.

Flamingos und Sträuße haben für Romy und Martha eine Insider Bedeutung. Flamingos gibt es hier nicht, bleibt nur ein Foto mit den Sträußen zur Erinnerung an den Park. Erst nachdem alle Meerschweinchen, Lamas, Hasen, Hunde, Ziegen, Katzen, Pferde und Hängebauch-schweinchen gestreichelt sind und was zum Essen bekommen haben, können wir weiter.

Zum Abschluss des heutigen Tages soll noch etwas Adrenalin ausgestoßen werden. Der Chauffeur kennt eine andere Schaukel als Casa del Arbol, jedoch beim Anblick dieses Monster Gerüsts bin ich froh, dass es Romy wohl zu viel Adrenalin bedeuten wird und sie es sein lässt. Es schaut wie ein freier Fall aus, wobei so manche Achterbahnen aus Disney World eine Kleinigkeit sind. Komplett im Klettergurt festgeschnürt in einer Doppelschaukel kannst du deinen Körper einen ordentlichen Adrenalin Boost geben, wovon du die nächsten Jahre noch zerren wirst! Eine Idee für diejenigen, die etwas Adrenalin verkraften können: El Vuelo del Condor.

Der Chauffeur bringt uns wieder zum Hotel zurück und verlangt gute $ 30 für den heutigen Tag. Naja, da hat er gut verdient und einen guten Service geleistet, sollen wir mal sagen. Am Abend wandern wir noch etwas durch die Stadt, kaufen einige Souvenirs für zu Hause und landen in einer Eisdiele, wo Crêpes und Waffeln liebevoll angepriesen werden. Einen guten Cappuccino und eine erfrischende Zitronenlimonade lassen den gelungenen Tag gemütlich ausklingen.

Fly high

Heute darf Martha das Programm bestimmen, aber es regnet. Somit steht nicht viel zur Auswahl. Zuerst mal Frühstücken. Ein zweites Mal lassen wir das inkludierte Frühstücksbuffet im Hotel links liegen und wählen eine kleine lokale Panadería für einen Cappuccino, zwei Sandwiches con pollo und ein Panini mit Tomate, Basilikum und Mozzarella. Das schmeckt echt hundertmal besser als der Eiermatsch im Hotel.

In der App von unserer Agentur lese ich etwas über einen Tagua Workshop. Eine Tagua ist eine Nuss und ein Künstler macht daraus nicht nur Schmuck, sondern auch kleine Tierstatuen. Wir schauen kurz im Taller de Tagua Shop vorbei und obwohl es wirklich ein Kunstwerk ist, was der Mann aus der Nuss kreiert, ist es mir etwas zu kitschig. Das liegt hauptsächlich am kitschigen Glanz, womit alle Kreaturen überzogen werden. Natürlich bin ich auch während dieser Reise auf der Suche nach Geschenken für die kleinen TRAVELKID Gäste. Bei einer Buchung bekommt jedes Kind immer ein Souvenir aus dem Land, wo es demnächst hinfliegt, geschenkt. Ich finde am Markt kleine Schlüsselanhänger mit farbenfrohen Alpakas. Davon gehen mehrere mit nach Zell am See.

Wir wandern bei einem Anbieter von Ausflügen vorbei und fragen, welche Optionen es für heute gibt.

„Rafting?" „Nein." „Canyoning?" „Nein." „Canopy Tour?" „Nein." „Warum eigentlich nicht?", fragt Romy. Tja da habe ich eigentlich keine Widerrede. Warum nicht. Der Anbieter zeigt uns ein Video von der Tour, ich bin vor allem an den Sicherheitsmaßnahmen interessiert. Als Ex-Frau eines Bergführers habe ich zu viel über Sicherungen und Sicherheitsmaßnahmen gelernt. Immer doppelt sichern, sicherlich wenn du eine Wahl hast. Warum darauf verzichten? Das Thema Sicherheit schaut hier picobello aus, sehr professionell, so melden wir uns um 14 Uhr beim Adventure Center im Regenwald und stehen 15 Minuten später, geschnürt in einen Klettergurt, versehen mit einem Helm und Handschuhen bei der ersten Zipline. Nach einer kurzen Erklärung geht es los, 150 m über die Schlucht zur anderen Seite. In Costa Rica haben Romy und ich das öfters gemacht, also Angst haben wir nicht. Aber mit dem Kopf nach unten zur anderen Seite fliegen, müssen wir beide nicht unbedingt haben. Martha dahingegen kann es nicht verrückt genug sein und sie lässt sich bei der 350 m langen Zipline sogar in fliegender Bauchlage Position anhängen. Die beeindruckende Schlucht, wo wir drüber fliegen, ist gute 500 m tief. Die Aussicht nach unten ist fantastisch, so schön, dass du die Aussicht während des Fluges in Bauchlage wirklich genießen kannst. Zum Schluss des Parcours gibt es noch zwei Ziplines nebeneinander. Das macht natürlich noch mehr Spaß und gibt lustige Bilder. Gute 2,5 Stunden später stehen wir wieder beim Hotel und schauen auf einen gelungenen Tag zurück.

Nachdem wir bei einer Pizzeria den Magen wieder gefüllt haben, wandern wir nochmals durch die Stadt. Die Straßen sind sehr belebt, die meisten Geschäfte haben geöffnet, Romy und Martha kaufen Tee als Geschenke für Familienmitglieder und ich möchte noch einige Schlüsselanhänger dazu kaufen. In der Nähe des Supermarktes gibt es einen kleinen Souvenirmarkt. Kleine 1 x 1 m Holzhütten sind aneinandergereiht und die Markthändler verkaufen hauptsächlich Souvenirs. Bei einem Stand sehe ich eine größere Menge Alpaka Schlüsselanhänger und möchte gleich die ganze Partie abkaufen. Ich zähle die Anhänger und verhandle über den Preis. Während die Dame die Schlüsselanhänger einpackt, suche ich mein Geld und sehe aus meinem Augenwinkel, wie sie, statt einpacken, einige Anhänger am Boden „verschwinden" lässt. Versucht sie mich jetzt wirklich zu verarschen? Ich habe doch glatt gesehen, dass ein Schlüsselanhänger auf den Boden gefallen ist, oder? Sie will das Geld schon aus meiner Hand nehmen, aber ich sage, dass ich die Schlüsselanhänger nochmals zählen möchte. „No, it's okay", sagt sie, die Unschuld in Person. Nach einer sorgfältigen Zählung fehlt nicht ein Anhänger, sondern drei! So ein schlauer Fuchs, nur schade für sie, dass ich es gesehen habe. „On the Floor", deute ich noch hin. Spätestens jetzt hätte sie den Kauf noch retten können. Stattdessen zieht sie ihre Schulter hoch. Die Anhänger habe ich dann liegen lassen und zwei Stände weiter die doppelte Menge gekauft.

Sechstausender

Es ist ziemlich früh als wir unser Hotel in Baños verlassen. Und es regnet. Schon wieder. Eigentlich ist zwischen Juni und September Trockenzeit in den Anden, durch die globale Erwärmung kann man dem Wetter wirklich nicht mehr vertrauen. In 2 Stunden fahren wir nach Riobamba und auf dem Weg dorthin sehe ich, dass nicht nur das Wetter, sondern auch die Umgebung trockener wird. Es ist fast ein wüstenartiges Gebiet, in dem wir ankommen. Trotzdem wird an den Berghängen, auf 2750 m Höhe, viel Agrarwirtschaft betrieben. Riobamba gewinnt touristisch allmählich an Bedeutung, was hauptsächlich mit dem Chimborazo Vulkan, 6263 m, zu tun hat. Auch wir sind zu diesem Landriesen unterwegs und ich habe vor der heutigen Tour etwas Respekt. Immerhin stehe ich nicht jeden Tag auf 6000 m Seehöhe!

Auf dem Weg nach oben sehen wir viele Vikunjas neben der Straße grasen. Neben Alpakas und Lamas sind die Vikunjas wirklich eine wilde Lama Art. Vor ungefähr 20 Jahren waren diese Tiere hier fast ausgestorben und es wurde ein Integrationsprojekt gestartet. 250 Tiere wurden ausgesetzt und laut letzten Zählungen sind daraus inzwischen 20.000 gesunde Tiere geworden. Lamas sind die Größten ihrer Sorte und haben sehr lange Haare. Alpakas haben wollartige Haare wie Schafe, die

Haare sind kraus, knuddelig und kürzer, die Tiere sind kleiner. Vikunjas sind auch klein, sehr schlank, nur braunfärbig und haben relativ kurze Haare. Wie Antilopen. Da wo die Wolle von Lamas und Alpakas so 30 bis 40 Euro pro Kilo bringt, kannst du die Wolle von Vikunjas für Euro 500 pro Kilo verkaufen.

Als wir den Vulkan weiter hochfahren, merke ich wie es draußen stürmt. Ein rauer Wind bläst ungebremst über die karge Mondlandschaft und mit jeder Kurve gelangen wir nicht nur höher und höher, sondern der Wind wird in dieser Höhe auch stärker und stärker. Plötzlich, als wir um eine Kurve fahren, sehen wir den imposanten Chimborazo Vulkan endlich vor uns liegen. Und wie ausgemacht verschwindet der Nebel und der Regen und wir haben freie Sicht auf den majestätischen Sechstausender. Der Gipfel ist von einer dicken Eisschicht bedeckt. Der Anblick ist fantastisch, sicherlich mit dem blauen Himmel im Hintergrund. Als wir für ein Foto aus dem Auto steigen, weht es uns fast aus unseren Schuhen! Der eisige Wind schneidet sich durch Körper und Seele. Unfassbar, so schlecht schaut es vom warmen Auto gar nicht aus. Schnell springen wir wieder ins Auto und lassen uns ohne weitere Zwischenstopps beim Registration Center in 4300 m Seehöhe absetzen. Romy merkt die Höhe und bekommt kaum Luft. Es geht ihr mit jeder Kurve schlechter. Eigentlich ist der Plan von hier aus mit einem Guide und im Auto zur nächsten Hütte auf 4850 m zu fahren. Danach geht es nochmals 200 Höhenmeter zu Fuß zur Whymper Hütte auf 5060 m und dann mit den Mountainbikes wieder hinunter. Spaßig, aber nicht beim heutigen Wetter. Dafür sind wir zu wenig ehrgeizig.

Dimitri wartet für die Tour bereits gespannt auf uns. Als er Romys Zustand anschaut, empfiehlt er eher nach unten zu fahren, statt noch weiter nach oben und ich bin ihm ehrlich gesagt gar nicht böse. Gesagt, getan! Unser Chauffeur wird unten in San Juan auf uns warten, wir fahren mit Dimitri eine alternative Strecke, halten unterwegs mehrmals für Fotos an und versuchen Alpakas zu streicheln. Die Strecke vom Registration Center zurück zum Restaurant San Juan sind 27 km. Wir fahren zuerst 6 km den Berg wieder hinunter und bei Kilometerpfosten 21 angekommen, steigen Martha und ich auf das Rad, um zumindest noch etwas vom Downhill Spaß mitzubekommen. Völlig eingepackt mit Helm, Ellbogen- und Knieschützern, Handschuhen und Sturmmaske steigen wir auf das Rad und fahren talwärts. Romy folgt uns mit dem Auto. Am Anfang schneidet der Wind noch überall durch und, umso schneller wir fahren, umso kälter es ist. Erst bei Kilometerpfosten 15 wird es etwas wärmer. Wir sind dann schon 1000 Höhenmeter Vollgas runtergefahren. Blitzschnell radeln Martha und ich durch die Landschaft und mit jedem Tritt nähern wir uns die Zivilisation, wo kleine Häuschen neben der Straße stehen, die Menschen auf dem Land arbeiten und streunende Hunde uns hinterherrennen und bellen. Ab Kilometerpfosten 8 müssen wir immer mehr selbst treten, was auf einer Höhe von 3200 m nicht einfach ist. In angepasster Distanz folgen Dimitri und Romy im Auto, die Musik laut aufgedreht, bis wir San Juan, und somit den Kilometerpfosten 0, den Endpunkt der Fahrt, erreichen. Es ist uns jetzt wirklich warm und ein herrliches Mittagessen mit Linsen, Reis und Salat wartet auf uns. Obwohl wir die erste Strecke zur Hütte nicht gemacht haben, war es trotzdem eine gelungene Tour. Nur eine Warnung: Nimm warme Kleidung mit!

Guamote, 50 km südlich von Riobamba, ist unser heutiges Ziel. Der Kontrast zu Baños hätte nicht größer sein können. Da wo Baños echt ein touristischer Ort geworden ist, scheint in Guamote die Zeit stehen geblieben zu sein. Und wir haben Glück. Immer donnerstags kommen die Bewohner aus den umliegenden Dörfern mit voll bepackten Lamas und Eseln zum Markt, um ihre Ware zu verkaufen. Nach dem Checkin eilen wir zum Markt und als einzige Touristen fühlen wir uns doch ein wenig beobachtet. Wir setzen uns auf eine kleine Mauer und hoffen so langsam unsichtbar zu werden. Auf dem Markt wird alles Mögliche verkauft, von lebenden Meerschweinchen über Obst und Gemüse bis hin zu Plastik Tupperware Dosen und Mixer. Echt interessant sind die Stände der Quacksalber, voller undefinierbaren Brühen, Kräuter und Pflanzen mit angeblicher medizinischer Wirkung. Die Menschen selbst haben ihre schönste Kleidung angezogen und es ist eine bunte Mischung von farbenfrohen indianischen Trachten. Hauptsächlich rote Schals und Ponchos, die Farbe von diesem Gebiet, aber auch blaue und lila Ponchos sind viel zu sehen. Es ist eine wahre Farbenpracht!

Community

Unser Hotel ist Teil einer örtlichen Community. Durch die Gewinne, welche aus den Übernachtungen erzielt werden, können verschiedene Projekte in der Umgebung unterstützt werden. Heute machen wir mit Sarah, eine belgische Mitarbeiterin des Gasthauses, eine geführte Tour entlang verschiedener Projekte. Gemeinsam mit einer anderen holländischen Familie wandern wir zuerst zur anderen Seite des Hotels. Quasi im Haus befindet sich eine Schneiderei, ein Computerraum und ein Kindergarten. Durch die finanzielle Unterstützung können diese, für uns einfachen und normal alltäglichen Sachen, existieren.

Für die nächste Besichtigung steigen wir ins Auto ein und fahren den Berg hoch. Zuerst besuchen wir ein traditionelles Haus, die Besitzerin arbeitet übrigens in unserem Hotel. Die Mauer des Hauses besteht aus Kuhdung, vermischt mit Erde und Wasser, das Dach aus Prange. Diese Grassorte wächst etwas weiter oben am Berg und für die Ernte kommt die gesamte Dorfgemeinschaft zusammen. Gemeinsam können die Männer ein Dach in zwei Tagen fertig machen, während die Frauen das Essen versorgen. Mit Eseln muss ein mühsamer Weg zu den Feldern zurückgelegt werden. Übrigens arbeitet die kleine Community in vielen anderen Bereichen auch zusammen. So werden Äcker gemeinsam betreut, das Irrigationssystem gemeinsam finanziert und die Ernte gleichmäßig über die Haushalte verteilt.

Beim nächsten Haus wohnt ein netter Kerl, der sehr an Naturheilkunde interessiert ist. In seinem Garten wachsen verschiedene Pflanzen und er erklärt voller Begeisterung die Wirkung davon. Quinoa ist ein Gewächs, welches heutzutage sehr im Kommen ist. Wie es wächst, da habe ich eigentlich noch nie so darüber nachgedacht. Das macht die heutige Besichtigung doch sehr lehrreich.

Die dritte Station ist eine Weberei und die letzte Station eine Schule. Nur ist die Schule wegen der Sommerferien geschlossen. Viel mehr erzähle ich über diese Community Tour nicht. Es soll eine Überraschung bleiben.

Nach dem Mittagessen, welches wir im Hotel bestellen, möchten wir zum Supermarkt spazieren. Als wir jedoch an der Straßenecke ankommen, hören wir Musik. „Kommt Mädels, schauen wir da mal hin." Und als ob wir es so geplant hätten, wandern wir einer Parade entgegen. Heute wird 75 Jahre Guamote gefeiert und verschiedene Tanzgruppen aus der Umgebung präsentieren ihre Region. Jede Gruppe ist anders angezogen und macht andere Tänze, immer hinter einem Pickup, wo enorme Lautsprecher auf der Ladefläche angebracht sind. Die ohrenbetäubende Musik knallt aus den Boxen und lässt den Boden vibrieren. Diese traditionellen Feste sind auf Reisen ein herrliches Geschenk, ein Einblick in die echte Kultur der lokalen Gesellschaft.

Es dauert eine gute Stunde bis alle Gruppen vorbeimarschiert sind und wir freuen uns wirklich, das Fest miterlebt zu haben. Gesehen zu haben, wie viel Spaß die Einwohner selbst daran hatten und wie zahlreich die Bevölkerung gekommen ist. Um mitzutanzen oder am Straßenrand zuzuschauen. Das Witzigste waren allerdings die Polizisten, die mit ihren Selbstkarikatur-Handpuppen mitmarschiert sind und so lustige Selfies mit dem Publikum machten.

Tiefe Schlucht

Von Guamote fahren die meisten Gäste nach Alausí, um von dort eine Fahrt mit dem Nariz del Diablo Zug, auch Teufelsnase genannt, zu machen. Bekannt ist die Zugfahrt wegen den fantastischen Aussichten über die Anden, welche sich hier so zerklüften, dass eine tiefe Schlucht entstanden ist. Ich persönlich finde die Zugfahrt sehr touristisch, wobei es lauter Touristen an Bord gibt, du im Zug mit Naschereien gnadenlos abgezockt wirst und touristische Tänze aufgeführt werden. Im Vergleich zu den Tänzen von gestern, die wirklich authentisch waren, eher eine Show, was die Preise der Zugtickets unverschämt hinauftreibt. Wir haben die Zugfahrt deswegen rausgelassen, obwohl der heutige Tag dann ein reiner Transfertag wird.

Pünktlich werden wir wieder in Guamote abgeholt. Der spanischsprechende Chauffeur, der uns von Baños nach Guamote gebracht hat, bringt uns heute nach Cuenca. Ein weiteres Mal laden wir das Gepäck auf die Ladefläche des Pickups, verstecken es unter einer Plastik Plane und machen das ganze gut fest. Der Chauffeur selbst spricht nur spanisch und, obwohl Martha und ich doch ein kleines bisschen Spanisch sprechen, verstehen wir wirklich kein Wort von dem was er sagt. Aber mit Händen und Füssen bekommen wir alles zusammen.

Die Straße führt zuerst bis Alausí bergauf. Die Aussichten sind wirklich spektakulär. Der Berg selbst ein Fleckerlteppich. Jeder Zentimeter wird benutzt, um auf der fruchtbaren Erde etwas anzubauen. Karotten, Mais, Zuckerrohr, Kartoffeln, Quinoa, aber auch Melonen, Bananen und Tabak wachsen in dieser Höhe zahlreich. Dazwischen immer wieder Eukalyptusbäume und Pinien. Die Bergflanken sind hier echt steil und eng, ich kann teilweise das Tal unten in der Schlucht nicht mal sehen. Kleine Schotterstraßen führen zu den Farmen, Häuser stehen vereinzelt zwischen den Feldern und nach jeder Kurve sind die Aussichten unterschiedlicher und imposanter. Wenn das Gebirge eine Ebene oder, oben am Berg, ein Plateau kreiert hat, haben die Menschen sich hier vermehrt angesiedelt. Kleine Dörfer mit einer Schule, einer Bank, einem Supermarkt und einer Kirche sind entstanden. Alles was die Einwohner so benötigen, haben auf dem kleinen Fleck in den Bergen einen Platz gefunden. Wie auch Zell am See sich zwischen zwei Berge und einem See eingequetscht hat.

Obwohl unten im Tal die Sonne noch anwesend war, werden die Nebelwolken, umso höher wir auf den Berg hinauffahren, dicker und schwerer. Was wiederum Regen bedeutet. Ich habe mir das Wetter viel schöner vorgestellt als es während unserer Reise durch Ecuador im Moment ist. Soviel zum Thema Verreisen in der besten Jahreszeit. Nach guten 3 Stunden Autofahrt machen wir einen Abstecher nach Ingapirca. Ingapirca bedeutet „Steinmauer der Inka", die Ruinen sind die besterhaltenen Relikte der Inka-Kultur in Ecuador.

Sicherlich nicht vergleichbar mit Machu Picchu in Peru, aber durch die Nähe am Äquator bot es der Sonnenkultur optimale Bedingungen und somit sind die Relikte sicherlich ein Besuch wert.

Ich habe schon seit Monaten Orte wie Quito, Cuenca und Galapagos in der Wetterapp auf mein Telefon gespeichert. Immer wieder habe ich die App eingeschaltet und mich über die tropischen Temperaturen gefreut. Über 30° C soll es in Cuenca haben. Deswegen habe ich natürlich mehr kurze als lange Hosen im Koffer eingepackt. Ein großer Fehler, ich laufe schon eine ganze Woche mit dem gleichen Pullover und der gleichen langen Hose herum. Und ich bin sowieso nicht der Kaltwetter-Typ! Umso mehr freue ich mich auf Cuenca. Heute in der Früh habe ich die App nochmals aktualisiert, jetzt in Cuenca angekommen, hat es kaum die Hälfte der versprochenen Temperatur. 18° C, danach bleibt das Quecksilber stecken. Ich bin echt enttäuscht, nach 1,5 Wochen in der Kälte, in der gleichen Hose und dem gleichen Pullover hätte ich doch Besseres verdient. Es erinnert mich an unsere Namibia Reise, wo wir im Juli minus 4 Grad erlebten (*siehe Elefantenspuren – mit meiner Tochter auf Abenteuerreise durch Namibia*). Es bleibt die Frage, wieso die Wetterapp hier in Ecuador nicht stimmt.

In Cuenca angekommen, hat unser Fahrer keine Ahnung, wo unser Hotel sich befindet und ein Navi oder Telefon mit einem Routenplaner hat er nicht. Er parkt sein Auto am Straßenrand, jedoch mitten auf der rechten Spur der 3-spurigen Fahrbahn. Innerhalb von 2 Minuten hören wir das bekannte 2-tönige Alarmsignal eines Polizeiautos hinter uns. Tatütata. Der Chauffeur kommt blitzschnell hinter den Häusern hervorgerannt und bevor die Beamten die Strafzettel ausstellen können, fragt er nach dem Weg zum Hotel. Es stellt sich heraus, dass das Hotel doch etwas komplizierter zu finden ist, der Beamte bietet an, ihm hinterher zu fahren. So bekommen wir tatsächlich eine Polizeieskorte mit Blaulicht zu unserem Hotel. Das habe ich auf Reisen wirklich noch nicht erlebt! Es bietet den Kindern jedoch spannende Instagram Stories.

Das Hotel selbst fällt komplett aus der Reihe, im Vergleich zu unseren anderen Unterkünften. Bis jetzt waren es alles Posadas, Cabanas und Hostels, sehr landestypisch, wirklich nett, jedoch keine übertriebenen Luxushotels. Das ändert sich jetzt, wir sind in einem kürzlich eröffneten 4 Sterne Luxushotel gelandet. Ein richtiges Schmuckstück der Sonderklasse. Die Mädels haben nichts dagegen und freuen sich auf ein warmes Bad. Und als sie am Abend noch ein Fondue Restaurant entdecken, wo sowohl Käse- als auch das Schokoladenfondue serviert wird, sind die Wünsche der Teenager schnell erfüllt.

Wandersafari

Von meiner Agentur habe ich eine Routenbeschreibung bekommen, wie wir Cuenca selbstständig kennenlernen können. Wir starten unsere Wanderung bei der Neuen Kathedrale. Mit seinen blauen Kuppeln ist sie das Wahrzeichen der Stadt. So imposant die Kathedrale von außen ist, so karg ist das Inneninterieur. Obwohl Romy und ich alles außer gläubig sind, hat das Anzünden einer Kerze schon eine Bedeutung für uns. Romy möchte unbedingt für ihre Meerschweinchen eine Kerze anzünden. In den letzten drei Monaten vor unserer Reise hat ihr Bestand sich sehr rasch von fünf auf zwei reduziert. Eine Kerze ist sicherlich angebracht. Ich kaufe eine Kerze für meinen Vater. Er stand zu seinem fünfzigsten Geburtstag in Ecuador auf dem Äquator und ich finde es einen schönen Gedanken, dass ich, allerdings mit 51 Jahren, am gleichen Ort bin. Leider kann ich ihm nicht mehr davon erzählen.

Die Wanderung geht weiter zum Blumenmarkt, wo es herrlich riecht. Romy ist mehr von den Kakteen charmiert. Sie hat absolut keinen grünen Daumen und lässt sogar Kakteen verdursten. Umso besser, dass wir die Kakteen nicht mitnehmen können. Am Hauptplatz, welcher sich um die Ecke befindet, sind in kleinen Hütten vor allem Kleidungsgeschäfte untergebracht. Sonst sind die meisten Geschäfte und Museen auf der Wanderroute am heutigen Sonntag zu. Was geöffnet ist,

ist das Museo del Sombrero. Der Name täuscht ein wenig, Sombreros werden hier nämlich nicht hergestellt, sondern der traditionelle Panamahut. Auch dieser Name ist nicht korrekt, der Hut kommt nämlich wirklich aus Ecuador!

Den Rohstoff für den Panamahut liefert die Toquilla Palme, die 3 bis 5 m langen Stängel werden in einer aufwendigen Prozedur zu dünnen Strähnen verarbeitet, damit das Flechtwerk beginnen kann. Umso dünner die Fasern sind, umso enger kann geknüpft werden und umso teurer wird der Hut. Trotzdem sind die Verdienste der Flechter erschreckend niedrig, weil die Palmblätter in der Regel zuerst relativ teuer von zwielichtigen Zwischenhändlern gekauft werden. Im Museum lernen wir, dass es Napoleon III war, der dem Panamahut seinen Namen gab. Der berühmtberüchtigte Al Capone ist sicherlich der bekannteste Panamahut-Träger.

Unsere Wanderung führt noch zu einem Hotel, wo ich eine Besichtigung habe und wir zum Mittagessen eingeladen sind. Auf dem Weg zu diesem Hotel sind wir beim Café Austria vorbei gewandert und ehrlich gesagt, haben wir drei mehr Lust auf einen Apfelstrudel mit Eis im Café Austria als auf Spaghetti im Hotel. Um nicht unhöflich zu sein, lehnen wir eine Vor- und Nachspeise ab und beschränken uns auf eine halbe Portion Spaghetti. Nach einer flotten Besichtigung des Hotels genießen wir eine halbe Stunde später tatsächlich einen frischen Apfelstrudel mit Vanille Eis im Café Austria. Dazu einen herrlichen Cappuccino und mein Tag ist gerettet!

Gestärkt führt die Wanderung an verschiedenen Museen vorbei, leider ist es mit den Museen genauso wie mit den vielen Geschäften. Am Sonntag hat alles zu. Schade, denn Romy wollte unbedingt das Museum über die Geschichte der Medizin anschauen. Sie hat mit einer Ausbildung zur Tierphysiotherapie und Naturheilkunde begonnen. Die Medizin der Tierwelt interessiert sie enorm, das wiederum wird unsere treuen Leser nicht wundern.

Shopping Mall

Wir verlassen Cuenca und fahren durch die sanften Hügel entlang der Seen des El Cajas Nationalparks. Dieser kleine Nationalpark wird die schottische Hochebene genannt und es wird hier sicherlich so wie in Schottland aussehen. Nur wir werden, wie inzwischen schon die gesamte Reise, geplagt von Nebel und Regen und heute zusätzlich von einem stürmischen Wind. Genau am höchsten Punkt des imposanten Gebirges weht es kräftig und es ist schweinekalt. Hier steht ein kurzer Fotostopp auf dem Programm, so klettere ich zum Aussichtspunkt den Berg hoch, mache ein Foto und verschwinde schnell wieder ins warme Auto. Kurz war heute wirklich kurz.

An der anderen Seite des Gipfels fahren wir den Berg wieder hinunter, langsam verschwindet der Nebel und das Wetter wird mit jeder Kurve besser. Die Aussicht ist fantastisch. Die Natur zuerst noch karg, weil wir auf 3500 m hinaufgefahren sind, danach, umso mehr wir auf Meeresebene geraten, immer tropischer. Wir bekommen wieder Luft und endlich… es ist wärmer!

Eine Stunde später stehen wir in Guayaquil, der größten Stadt Ecuadors, und wir können endlich mal die Jacke und den warmen Pullover ausziehen. Guayaquil hat sich seit seiner Gründung vor über 400 Jahren von einem insektenverseuchten Sumpf zu einer blühenden

Handelsstadt und dem wichtigsten Hafen des Landes entwickelt.

Wir schmeißen das Gepäck in eine Ecke des Zimmers und verlassen das Hotel. Auf verschiedene Weisen werden wir auf die Kriminalität der Stadt aufmerksam gemacht, so gehen wir mit weniger als sonst ins Gewühl der Stadt hinein. Natürlich wieder eine übertriebene Nachricht mit einer noch größeren übertriebenen Reaktion von uns darauf. Irre, wie das Angst einreden das Hirn aussetzen lässt! Obwohl viele Geschäfte geöffnet haben, ist die Stil der Kleidung und der Schuhe nicht so unser Geschmack. Der Pizzahut dahingegen gefällt den Jugendlichen sehr und gestärkt von italienischer Haute Cuisine wandern wir zur Promenade am Wasser, das Wasser des pazifischen Ozeans. Nach einigen Stunden in der Stadt haben wir den Teil rundum unser Hotel gesehen. Wir wollen mehr. Die Stadt bietet kostenloses Wifi und die Mädels scrollen in Google, um zu sehen, was es sonst noch zu tun gibt. Und das ist leider nicht viel. „Mall del Sol", sagen die zwei im Chor, „da möchten wir hin!" Wir halten ein Taxi an und lassen uns für knappe 4 Dollar beim noblen Einkaufshaus absetzen. Heute ist der beste Zeitpunkt, um quasi am anderen Ende der Welt, einkaufen zu fahren. Findest du nicht? Die Mall ist sehr schön und eine Variation an Geschäften und netten Restaurants lassen den Nachmittag schnell vorbei gehen. Am Abend steigen wir im Hotel noch in den Jacuzzi und packen dann unsere Koffer um. Morgen fliegen wir zu den Galapagos. Da sind wir gespannt!

Chimborazo Vulkan mit Mountainbike Tour & Vikunjas

Fest in Guamote | Selfi mit der Polizei

Guamote Community Tour

Neue Kathedrale Cuenca | Museo del Sombrero

Landriesen

Nach einer sanften Landung steigen wir auf Baltra Island aus dem Flugzeug, zahlen den hohen Eintritt für den Galapagos Nationalpark, holen unser Gepäck und werden von Enrico begrüßt. Er erklärt uns, dass wir zuerst mit dem Airport Bus zum Anlegeplatz fahren und danach in 10 Minuten mit der Fähre zum Ufer von Santa Cruz gebracht werden. Der Flughafen liegt nämlich auf einer kleinen Insel. Da steigen wir in sein Auto für die erste Bekanntschaft mit der Tierwelt der Galapagos Inseln.

Wir sind im Norden von Santa Cruz, der Hauptinsel, angekommen, der kleine Ort Puerto Ayora liegt im Süden der Insel und es sind so 45 Minuten Autofahrt bis zum anderen Ende der Insel. Die Vegetation ist im Norden viel trockener als in der Mitte, was mit dem feuchten Hochland zu tun hat. Genau in der Mitte der Insel hat Enrico einen besonderen Stopp für uns geplant. Wir bekommen im Hochland nicht nur ein Mittagessen, sondern auch etwas besonders zu sehen.

Als wir von der Hauptstraße abbiegen, fahren wir durch die grünere feuchte Landschaft. Das saftige Gras steht sehr hoch und schaut wie ein perfekter Fressplatz für Schildkröten aus. Riesen Landschildkröten, welche für die Galapagos Inseln so typisch sind. Direkt neben der Straße ist das erste enorme Tier schon zu sehen. Ich denke erst noch, dass es ein großer Stein ist, bis es sich bewegt. „Wow, die sind wirklich groß", sage ich zu Enrico. „This is only a small one", sagt er grinsend zurück. „Are you kidding me?"

Überall in der Wiese tauchen diese grauen gigantischen Rückenpanzer auf. Der eine etwas größer als der andere und tatsächlich war das erste „gigantische" Exemplar ein kleines Tier. „Bis zu 120 cm groß, bis 300 kg schwer und bis zu 150 Jahre alt", erklärt Enrico alles Wissenswerte über diese Landriesen. Echt unfassbar, wie diese Tiere so geformt sind. Echt prähistorisch. Übrigens, Galapagos bedeutet Sattelförmig, die Inseln wurden nach der Form des Panzers benannt. Inzwischen stehen die Tiere unter strengem Schutz, sie leben nur hier in der Wildnis und können sogar 1 Jahr ohne Wasser und Essen auskommen. Das ist hier auf der Insel nicht notwendig. Die Landriesen haben echt genug zu fressen.

Einmal im Jahr wandern die geschlechtsreifen Schildkröten Richtung Ostküste, wo die Weibchen nach der Paarung ihre Eier im Sand oder auf Blätter ablegen. Nach 4 bis 8 Monaten schlüpfen die Jungtiere, allerdings nicht da, wo sie die Eier abgelegt haben, sondern im Charles-Darwin-Center in Puerto Ayora. Um den Tieren gute Überlebenschance zu geben, werden die Eier, ein Monat bevor die Jungtiere schlüpfen, ausgegraben und zum Schutzzentrum gebracht. Die geschlüpften Schildkröten bleiben dort, bis sie 7 – 8 Jahre alt sind. Danach werden sie ins Hochland übersiedelt.

Charles Darwin (1809 – 1882) war britischer Naturforscher und Gründer der Evolutionstheorie. Er entwickelte das Konzept der natürlichen Selektion, die in einem lang andauernden Prozess zu Veränderungen durch Anpassung, also Evolution, und zur Entstehung aller Lebens-formen führt. An Bord der Beagle, einem Expeditionsschiff voller Naturwissenschaftler, stellt er fest, dass es auf jeder Insel der Galapagos eine eigene Art von u.a. Schildkröten und Darwinfinken gab. So erkannte er, dass sich die Tiere an die vorherrschenden Bedingungen angepasst haben müssen, was bedeutet das sie bessere Überlebenschancen haben. Individuen, und dazu gehören auch wir Menschen, die sich evolutionär nicht anpassen, haben niedrigere Überlebens- und Fortsetzungschancen und werden auf diese Weise nicht lange überleben können, da unter anderem eine erfolgreiche Nahrungssuche nicht gewährleistet wird. Dieses Prinzip nannte Darwin „Survival of the fittest", ein Prinzip, welches auch auf geschäftliche Basis zurückzuführen ist. Wenn du deine Firma nicht ständig erneuerst, modernisierst oder an den Markt anpasst, wirst du den Kampf ums Überleben verlieren. Ich mag den Typ, hätte gerne mal mit ihm darüber geplaudert.

Nach dem Mittagessen wandern wir durch das Schutz-gebiet und sind von diesen Landtieren überwältigt. Der Panzer muss ein ziemliches Gewicht haben, das auf dem Rücken mitgetragen wird. Sicherlich sind die enormen Pfoten deswegen so groß und gebogen. Ein Männchen kommt in unsere Richtung gewandert und lässt sich kurz vor uns auf den Boden fallen. „Pooof." Wir fühlen, wie die Erde leicht erschüttert und müssen alle Drei lachen.

Erstaunt über diese erste Bekanntschaft mit den Galapagos Inseln, steigen wir wieder bei Enrico ins Auto und fahren in 20 Minuten nach Playa Puerto. Das Hotel ist dann eine Überraschung, wirklich sehr primitiv. Ich weiß, dass ich ein Hotel in der niedrigen Kategorie gewählt habe, wenn ich die Bilder im Internet nochmals anschaue, muss ich ein weiteres Mal feststellen, dass zwischen Foto und Realität enorme Unterschiede zu finden sind. Und wenn ich dann weiß, was die Übernachtung hier kostet, muss ich feststellen, dass das Preis-Leistungs-Verhältnis nur auf die Exklusivität der Galapagos Inseln zurückzuführen ist.

Das Wetter ist Gott sei Dank wärmer als auf dem Festland. Mit etwas Glück, wenn die Wolken kurz vor der Sonne verschwinden und der Wind nachlässt, könnte es sein, dass wir die 25°C schaffen. Herrlich! Mit kurzer Hose wandern wir durch das Zentrum von Puerto Lopez. An der einen Seite der Straße Souvenirgeschäfte, Restaurants, Bars, Tourenanbieter und an der anderen Seite Häuser der Einwohner und das Meer. Die Preise in den Geschäften liegen definitiv höher als in Mindo oder Baños, dafür kann man hier mehr verhandeln, die Qualität der Souvenirs ist besser. Normalerweise probiere ich immer ein größeres Souvenir mit nach Hause zu nehmen. Hier sind es vor allem Schnickschnack Souvenirs wie Magnete, Armbändchen, Taschen, T-Shirts und kitschige Mini-Statuen von den Galapagos Tieren, die verkauft werden. Ich denke, dass ich noch nie so wenig Souvenirs gekauft habe, wie hier in Ecuador. Die geilen Ohrringe mit den schwarzen Lavasteinen von den Galapagos Inseln habe ich dann vergessen mitzunehmen... Wenn du also in Playa Puerto bist, ruf mich an!

Blaue Füße

Pünktlich werden Martha und ich beim Hotel abgeholt. Romy ist in letzter Zeit etwas ängstlich bei Bootsfahrten und möchte heute nicht mitkommen. Sie wird sich ein Rad ausborgen und das Charles-Darwin-Center besuchen. Mit einem Bus gefüllt mit 14 anderen Personen und dem Guide Roland fahren Martha und ich wieder zum Nordende der Insel zurück. Da steigen wir auf ein kleines Speedboot, welches uns zum Schiff bringt. Während der Kapitän den Motor anwirft und Kurs in Richtung Norden nimmt, setzen wir uns auf das obere Deck. Jeder Tourenanbieter bekommt von der Galapagos Schutzbehörde einen Schedule und steuert jeden Tag in Wechselschicht eine andere Insel an. So kann der Tourismus gut gesteuert werden und es können die Inseln auch mal einen Tag eine Auszeit von herum fotografierenden Touristen haben.

Natürlich möchten auch wir die einzigartige Tierwelt kennenlernen und wir sind gespannt auf das was der Tag uns bringt. Der Himmel ist blau, das Meer ist ziemlich ruhig, ideale Bedingungen für den heutigen Ausflug. In 45 Minuten erreichen wir die erste Insel. Ein echt kleines Exemplar, höchstens 200 m lang und 40 m breit, mit pulverweißem Sandstrand. Und die Insel ist gefüllt mit Seelöwen!

Mit dem kleinen Motorboot werden wir an der Wasserlinie abgesetzt. Ein Wet Landing führt uns in das Paradies der Galapagos. Roland kündigt die Insel als sein Home-Office an und ich muss wirklich feststellen, dass ich da schon etwas neidisch auf ihn bin. So ein Büro wünscht sich doch jeder, oder? Martha und ich wandern den Strand entlang und müssen dabei aufpassen, nicht auf einen Seelöwen zu steigen. Wenn die Tiere aus dem Wasser kommen und sich im Sand wälzen, ist es nicht so schnell ersichtlich, wo die Tiere sich überall hingelegt haben. Eine gute Tarnung ist der Strand in jedem Fall. Und die Tiere bleiben da liegen, wo sie sich gerade befinden. Besser noch, sie machen nicht mal ein Auge auf, wenn wir vorbei wandern! Ein besonderes Phänomen.

Es ist Baby Saison, die Neugeborenen sind so 2 bis 3 Monate alt, trinken Milch bei ihren Müttern und lernen schwimmen und jagen. Junge Männchen versuchen eine neue Freundin zu ergattern und größere Männchen verteidigen ihr Revier. Manche Seelöwen kommen gerade an Land zurück, während andere sich auf eine Fischjagd begeben. Es gibt viel zu sehen und wir beobachten die Tiere eine Weile relaxed am Strand. An der Nordseite der kleinen Insel ist, durch die herumliegenden Steine, ein natürliches Becken entstanden. Hier nimmt eine Baby-Seelöwe Schwimmunterricht, während die Mama sich am Strand ausruht. Martha setzt sich ins Wasser rein, während der Seelöwe ihr immer näher und näher kommt. Es ist doch imposant, einen Seelöwen so nah an dich herankommen zu sehen. Als der kleine Seelöwe einige Laute rauslässt, springt Martha im richtigen Moment hoch, was ein lustiges Foto liefert.

Das Wasser ist in dieser Jahreszeit kalt und wir haben uns deswegen Wetsuits besorgt. Mir ist es mit dem Wind trotzdem zu kalt, um ins Wasser zu springen. Martha ist da weniger empfindlich und hüpft ohne Wetsuit und mit Schnorchel ins Wasser. Leider ist unter Wasser nicht viel zu sehen, weil die Seelöwen eine Schwimmpause eingelegt haben. Schade, denn das wäre für Martha natürlich sensationell gewesen, um hier mit den Seelöwen zu schwimmen. Nach 1,5 Stunden auf der Insel steigen wir beeindruckt auf das Motorboot und stellen fest, dass Romy echt etwas verpasst hat.

Der nächste Stopp bringt uns zur Insel Seymour, dieses Mal ein Dry Landing, und wir steigen in die Welt der Galapagos Vögel ein. Auf der Insel leben Fregattvögel und Blaufußtölpel, die bekanntesten Vogelarten der Galapagos. Es ist gerade Brutzeit, viele Fregattvögel, mit dem roten aufblasbaren Sack unter dem Schnabel, sitzen auf ihren Nestern in den Bäumen direkt neben dem Pfad, auf dem wir wandern. Die Blaufußtölpel, mit den blauen Füßen, bauen ihre Nester direkt am Boden. Diese Insel ist einiges größer als die erste Insel und die Vögel haben eine ganze Insel, um ihre Nester zu bauen. Weil sie keine Angst vor den Menschen haben, bauen sie ihre Nester dort, wo es ihnen gefällt. Und das ist zum Teil genau auf dem Wanderpfad, sie liegen uns sozusagen „im Weg." Die Tiere fühlen sich trotzdem wohl, wenn wir vorsichtig vorbei gehen. Viele Vögel stehen nicht mal auf, nur vereinzelt faucht ein Tier uns zurecht an. So eine faszinierende Welt. Dass wir Menschen den Respekt den Tieren gegenüber hier wirklich ausüben, machen viele wo anders auf der Welt zu Nichten. In der Gruppe sind es vor allem die Kinder, die den Respekt nicht einhalten und Äste oder Sand zu den Tieren werfen. Anscheinend haben sie es schon so gelernt, weil die Eltern nicht Mal eingreifen! Das muss dann Roland machen.

Auf der Insel krabbeln nicht nur Leguane auf der Suche nach herrlichen Eiern herum. Weil Ratten schwimmen können und sie die Eier als köstliche Nahrung sehen, müssen Rattenfallen vorbeugen, dass die Ratten sich nicht auf der Insel ausbreiten können.

Nach der Wanderung steigen wir wieder an Bord des Schiffes und bekommen ein gutes Essen. Voller Eindrücke fahren wir zurück zum Hafen und zum Hotel.

Kleinflugzeug

Vor der Überfahrt von Santa Cruz nach San Cristobal habe ich einiges an Respekt bekommen. Durch die Research Arbeiten, welche ich in den letzten zwei Jahren gemacht habe, habe ich viel über die Überfahrten gelesen und mir viele Erfahrungen angehört. Vor allem nach Isabela Island sollte das Meer echt sehr starke Wellen haben. Und das schlimme daran ist, dass du von Isabela dann erst wieder nach Santa Cruz zurückmusst, weil es von der Insel keine anderen Bootsfahrten nach San Cristobal gibt. Isabela habe ich deswegen sowieso schon aus unserem Programm rausgelassen, nur schon der Gedanke an die Horror Geschichten über Speibfahrten haben mir gereicht! Die Galapagos Inseln sollen eine schöne Erfahrung sein. Und weil Romy es nicht so mit dem Bootsfahren hat, habe ich im letzten Augenblick doch einen Flug organisiert. Es gibt zwei Airlines, welche mit kleinen Maschinen für acht Personen zwischen den Inseln Hoppen. Unser Flug geht heute zuerst in knappen 30 Minuten nach Isabela, danach in 45 Minuten nach San Cristobal.

Louos heißt uns herzlichen Willkommen an Bord und erklärt die Sicherheitsmaßnahmen. Während Martha und ich direkt hinter dem Pilot Platz nehmen, darf Romy ganz vorne auf dem Platz des Co-Piloten sitzen. Louos startet die beiden Motoren und es geht schon los. Am

Anfang haben wir noch eine schöne Sicht über Santa Cruz, sobald wir über dem Wasser fliegen, schieben sich die Wolken unter uns. Etwas unheimlich wird es, wenn die Wolken sich rundum das Flugzeug manifestieren und Louos nur noch die Instrumente zur Orientierung hat. Laut Computer sind es noch 5 Minuten bis zur Landung und ich bin froh, wenn wir wieder Sicht bekommen. Isabela selbst ist wirklich eine karge Insel, du findest hier nur Lavagestein. Und an der Küste Pinguine. Sonst ist Isabela eine leere Insel mit nur 500 Einwohner. Santa Cruz hat übrigens so 18.000 Einwohner, San Cristobal 10.000 und dann gibt es noch eine vierte Insel, wo 120 Personen wohnen. Sonst gehören die Galapagos Inseln den Tieren. Ganz sanft setzt Louos das Flugzeug auf den Boden, wir bleiben hier so 20 Minuten, bis wir weiterfliegen. Auch die zweite Airline landet und bringt und holt genauso Gäste, die sich die mühsame Bootsfahrt über Wasser ersparen möchten.

Die zweite Strecke dauert etwas länger und auch jetzt fliegen wir Großteils über den Wolken. Nur die letzten 10 Minuten haben wir freie Sicht, als wir San Cristobal ansteuern. Das Meer unter uns schaut eigentlich sehr sanft und glatt aus. Wie kann es sein, dass die Überfahrt als so ein Horrortrip beschrieben wird?

Nach der Landung steht ein weiteres Mal ein Chauffeur bereit und bringt uns in 5 Minuten zum Hotel. Die Distanzen auf jeder Insel sind minimal, auf der Straße ist nicht viel los. Christian erklärt uns das Programm für die nächsten Tage und danach sind wir schon neugierig auf diesen Ort und möchten gleich loslegen. Weil es sich hier noch wärmer anfühlt als auf Santa Cruz kommt zum zweiten Mal eine kurze Hose aus dem Koffer. Voll gespannt wandern wir in die kleine Ortschaft hinein. Im ersten Augenblick schaut dieser Ort nett aus, etwas später muss ich feststellen, dass ich Puerto Baquerizo Moreno, so wie der Ort heißt, trostloser finde wie Puerto Ayora. Die Geschäfte sind qualitativ schlechter und die Restaurants nicht wirklich spannend. Dafür ist unser Hotel dann besser als auf Santa Cruz.

Das Schönste an San Cristobal sind die Wildtiere, welche hier am Strand zu finden sind. Wir wandern die Promenade entlang und sehen die Pelikane, Blaufußtölpel und Seelöwen friedlich nebeneinander am Strand liegen und stehen. Es bleibt weiterhin unfassbar die Tiere so nah zu sehen und dass sie wirklich nicht bewegen und liegen oder sitzen bleiben, als wir vorbei gehen.

Die meisten Restaurants haben Aussicht auf den Strand, wir suchen uns eine schöne Dachterrasse mit Sonnenuntergang aus und genießen das Ambiente mit Cocktails.

Isla Los Lobos

Auf San Cristobal sind die Ausflüge zu den kleinen vorgelagerten, tierreichen Inseln ebenso genau geregelt. Punkt halb acht melden wir uns beim Tourenanbieter, wo wir zuerst das Equipment für das Schnorcheln abholen. Hier treffen wir die holländische Familie, welche wir in Guamote kennengelernt haben. Ausgestattet mit passendem Equipment wandern wir zum Anlegeplatz, wo unser Schiff bereits auf uns wartet. Wir haben ein Schiff ohne Seelöwen an Deck. Auf verschiedene andere Schiffe haben die Seelöwen sich für die Nacht einen schönen Platz ergattert. Mit dem Saustall, welche die Tiere hinterlassen haben, werden die Kapitäne keine Freude haben. Der Kot ist nämlich so groß wie der von einem ordentlichen Hund.

Isla Los Lobos liegt so 20 Minuten nordwärts direkt vor der Küste und wir erreichen das Paradies auf Anhieb. Dieses Mal geht es zuerst an Land, um die Vogelwelt zu erkunden. Als perfekte Flieger verbringen Fregattvögel die meiste Zeit ihres Lebens in der Luft. Sie können wochenlang in der Luft bleiben, ohne einmal zu landen, sie schlafen währenddessen und können pro Tag Entfernungen von bis über 400 km zurücklegen. Dahingegen ist bei den Blaufußtölpel das Balzverhalten etwas ganz Besonderes. Das Männchen nimmt dabei die „Sky-pointing Haltung" ein, bei der die Flügel nach vorne gestellt werden und der Schwanz und Schnabel gen Himmel zeigen. Hat sich nun ein Weibchen angenähert, beginnt die Parade, in dem das Männchen mit Watschelschritten um das Weibchen tänzelt und den Schnabel weiterhin nach oben reckt. Geht das Weibchen auf dessen Liebesspiel ein, tanzen beide! Die Füße werden dabei nacheinander hochgezogen und sie zeigen sich gegenseitig ihre blauen Füße. Wenn das Weibchen überzeugt ist, nimmt auch sie die Skypointing Haltung ein und stößt schrille Schreie und Pfiffe aus. Den Rest kann man sich dann denken.

Am anderen Ende der Insel steigen wir wieder an Bord unseres Schiffes und machen uns für das Schnorcheln bereit. Romy ist heute wieder nicht mit und wenn sie die Geschichte der holländischen Familie von der Überfahrt gehört hätte, wird sie euch empfehlen niemals mit dem Boot von Santa Cruz nach San Cristobal zu fahren. „Auf einem Boot so groß wie dieses", fängt die Dame ihre Geschichte an, „saßen wir mit so 40 Personen, wie Flüchtlinge, zusammengequetscht auf dem Boot. Wir konnten nur sitzen, in der Mitte lag das gesamte Gepäck drei Meter hochgestapelt. Nicht mal 10 Minuten aus dem Hafen ist es schon losgegangen. Eine Rolle mit kleineren Plastik Säcken wurde von Hand zu Hand gereicht und von Groß und Klein mit Überresten vom Frühstück gefüllt. Es war schrecklich, die Wellen standen so 3 Meter hoch und das Boot ist echt Vollgas dagegen geprallt. Dadurch hast du immer wieder einen Knall im Genick bekommen", erzählt sie weiter. Ich kenne das von den Bootsfahren zum Corcovado Nationalpark in Costa Rica

(Siehe Dschungelfieber - *mit meiner Tochter auf Abenteuerreise nach Costa Rica*). Da sind die Bootsfahrten gleich heftig, obwohl du da noch entlang der Küste unterwegs bist. Hier bist du auf dem offenen Ozean, das macht schon was aus! „Ich habe sicherlich 6 Säckchen gefüllt und war nicht mal die Beste", sagte die Tochter der holländischen Dame, ich denke sie muss so 14 Jahre gewesen sein. „Und meine Schwester und mein Papa haben gekotzt." Als ob es etwas Selbstverständliches oder ein Prestige ist, wenn so 65% des Schiffes Seekrank wird. „Einen ganzen 60 l Mülleimersack voller kleiner Kotzsäcken wurden im Hafen von San Cristobal abgegeben. Am Schlimmsten war die Klo Pause. Dann liegt das Schiff still, du kannst endlich aufstehen, aber das Boot tanzt auf den Wellen herum. Wenn du bis dahin von den Säckchen fern warst, dann hat das spätestens zu diesem Zeitpunkt ein Ende", beendet die Dame ihre Geschichte. Ich bin echt so froh, dass ich den Flug gebucht habe, weil kotzend auf einem Schiff mitten im Ozean mit noch 30 anderen kotzenden Passagieren und ein Kind, dass Angst vor Wasser hat, dass wären 3 verdammt lange Stunden gewesen! Übrigens, zur Beruhigung, zwischen Dezember und April sollten die Bootsfahrten nicht so schlimm sein. Dann werden nur 30% der Passagiere Seekrank. Inzwischen haben Martha und ich den Neopren Anzug und die Flossen angezogen und die Taucherbrille auf-gesetzt. Ich sitze schon am Rand des Bootes, schwinge meine Beine hinüber und hüpfe ins Wasser. Laut protestierend komme ich wieder nach oben. „Scheiße, ist das kalt!" Ich denke das Wasser hat maximal 16 Grad. Normalerweise steige ich nicht freiwillig in ein Wasser, welches unter 32°C hat. Es ist, dass ich nur wegen dem Schnorcheln zum anderen Ende der Welt abgereist bin, sonst wäre ich keine 30 Sekunden im Wasser geblieben. „Komm Patrice, 10 Minuten wirst du schon aushalten!"

Ich schwimme, um warm zu werden, etwas flotter zur Küste der Insel, Martha folgt, bis auf einmal etwas Schwarzes unter mir durchschießt. Ich erschrecke und sehe dann erst richtig, was es ist. Ein Seelöwe! Ich winke Martha und gemeinsam schauen wir zu, wie der Seelöwe unter uns durchschwimmt, mit unseren Blubberblasen spielt und sich selbst in meiner Taucherbrille anschaut. Ich vergesse die Kälte und staune über dieses fantastische Phänomen. Wo auf der Welt findest du das? In freier Wildbahn schwimmen mit Seelöwen! Sonst ist die Unterwasserwelt, wie überall auf der Welt an den Westküsten, karg. Wenig Korallen, eher grüne Algen und Wasserpflanzen. Eine ideale Umgebung für … Wasserschildkröten! Auch diese Tiere bleiben in unserer Nähe und schwimmen nicht weg. Aus 10 Minuten im kalten Wasser sind dann doch 45 Minuten geworden. Die zahlreichen Seelöwen und eine gigantische Schule von über 200 großen papageienartigen Fischen waren echte Highlights der schönen Schnorcheltour. Durchgefroren steige ich wieder in das Boot und ein Mittagessen wird serviert. Das Schnorcheln und vor allem die Kälte macht hungrig, so lassen wir es uns gut schmecken. Zum Schluss werden wir noch zu einer Insel gebracht und können am Sandstrand eine Stunde relaxen, aufwärmen, schwimmen und schnorcheln. Hier liegen nicht so viele Seelöwen, wie auf der Seymour Insel, trotzdem ein fantastisches Ambiente. So macht perlenweiß und azurblau wirklich Spaß. Zurück in Puerto Baquerizo Moreno holen wir Romy ab und wandern wieder vollzählig zum Zentrum. Ein Kaffee für mich und Crêpes für die Mädels sind jetzt sicherlich angemessen. Gestärkt wandern wir danach zum Playa Mann, ein kleiner Strand etwas außerhalb des Ortes. Der Boulevard am Strand führt dorthin. Unterwegs steigen wir mehrmals über die Seelöwen, welche auf dem Steg stundenlang schlafen und keinen Minimeter auf die Seite gehen, obwohl sie den Weg blockieren. Der Strand von Playa Mann ist nicht so groß. Trotzdem sind vier Security Guides für die Sicherheit der Seelöwen angestellt. Es gelten auf den Galapagos Inseln zwei, eigentlich drei, wichtige Regeln.

1. Keinen Müll hinterlassen. Die Dame, die ihre Zigarette anzündet, wird gleich vom Strand geschickt.
2. Halte mindestens zwei bis drei Meter Distanz zu den Tieren. Ein Vater, der seinen Sohn, „nur für ein Foto", direkt vor dem Seelöwen hingepflanzt hat, bekommt einen Pfeifton zu hören.
3. Und habe Respekt vor den Tieren! Kinder, die Sand zu den Seelöwen werfen, werden von den Guides angebrüllt. Die Mutter des Kindes ist so beeindruckt, dass sie ihr Kind gleich wieder einfängt. So ein Job hier als Life Guard, das wäre nichts für mich. Ich würde all dies Idioten zerschlagen. Ich verstehe diese Respektlosigkeit nicht.

Freizeit

Weil die meisten und teuersten Kosten für die Reise zu den Galapagos Inseln der Flug und die Gebühr für den Nationalpark sind, kostet ein extra Tag Freizeit auf der Insel im Verhältnis nicht viel mehr. Deswegen haben wir auf den Galapagos einen extra Tag Freizeit geplant. Nicole, von unserer Agentur, hat uns empfohlen zum Playa Las Tijeretas zu wandern. Nach einem fantastischen Frühstück bei der Crêperie wandern wir in gemütlichen 45 Minuten zum Strand. Der Sand des Strandes ist perlenweiß, sonst sehr ruhig und keine Security Guides zu finden. Und, flach am Boden etwas geschützt vom Wind liegend, ist es sogar heiß! Ich wandere zum Wasserrand, die Seelöwen liegen überall um uns verstreut und faulenzen in der Sonne. Im Wasser selbst spielen die Seelöwen mit den Wellen. Es ist wirklich lustig den Tieren zuzuschauen. Dann sehe ich vor mir etwas anderes im Wasser. „Romy, komm! Eine Schildkröte." Diejenige die uns schon etwas länger folgen, wissen, dass Romy eine Vorliebe für Meeresschildkröten hat. Sie hier so nah an der Küste zu sehen, ist auch für Romy etwas besonders. Es ist nicht eine Schildkröte. Es sind sicherlich 20 Exemplare, die sich hier von den Algen und Wasserpflanzen bedienen lassen. Immer wieder kommen sie zur Oberfläche, um Luft zu schnappen und dann sind die charakteristischen Köpfe zu sehen. Zu Dritt stehen wir sicherlich eine halbe Stunde lang im Wasser und schauen uns die Schildkröten und Seelöwen, die immer näher und näher kommen, an. Fantastisch!

Wir verbringen einen großen Teil des Tages zwischen den Tieren am herrlichen Strand und, obwohl wir uns wirklich oft eingecremt haben, spüren wir irgendwann, dass leichte Hautverfärbungen aufkommen. Als die Sonne langsam untergeht, wird es Zeit, um zum Ort zurück zu wandern und das einmalige Ambiente zu verlassen. Ob ich hier nochmals zurückkehre, ist fraglich. So blicke ich, beim Verlassen des Strandes, noch einmal zurück.

Puerto Lopez

Um die Mittagszeit werden wir wieder am Flughafen abgesetzt und wir freuen uns auf ein Mittagessen. Als wir unser Gepäck abgegeben haben, wandern wir zur Cafeteria und müssen feststellen, dass es außer Chips und Eis nichts Brauchbares zum Essen gibt. „Okay, dann gehen wir durch die Kontrolle und essen dort was", sage ich in der Annahme, dass es dort schon was zu essen gibt. Dieser Gedanke war jedoch falsch. Ich wundere mich immer wieder, dass die Gastronomie an den kleinen Flughäfen im Ausland so rar bestückt ist. Als ob sie kein Geld verdienen wollen.

In Guayaquil angekommen, sprinten die Mädels in Richtung Mc Donalds, während ich mir einen Cappuccino besorge. In der Hoffnung das die Fahrt nach Puerto Lopez nur 2,5 Stunden dauert, lässt unser Fahrer schon durch-schimmern, dass er das nicht schaffen wird. „4 hours", sagt er und ich fühle eine Enttäuschung aufkommen. Die Jugend schimpft, nur es nützt nichts. Wir müssen dort hin, so legen wir schnell los.

Die Fahrt an sich verläuft ruhig. Außerhalb von Guayaquil ist der Verkehr sehr ruhig, die Straße ist dreispurig, so kommen wir relativ flott voran. Als die Dämmerung ein-bricht, biegen wir nach rechts ab und gelangen auf eine Nebenstraße und erreichen die Küste. Was auffällt ist der enorme Müllhaufen neben der Straße.

Was auf den Gala-pagos großgeschrieben wird: „Don't litter" hilft natürlich nichts, wenn die Leute einige Kilometer weiter weg den Müll einfach so neben der Straße und auf dem Strand deponieren. Romy und ich haben das auf Turtle Island in Borneo (Siehe Affentheater – *mit meiner Tochter auf Abenteuerreise durch Malaysia*) gesehen. Wir haben dort sogar an einem freien Tag den Strand sauber gemacht und die meist fremden Utensilien von Haarfarbe bis Rasier-klingen, von Wattestäbchen bis Kondome auf dem Strand gefunden. Turtle Island ist ein Schutzgebiet für Meeres-schildkröten, eine Stunde Bootsfahrt von der Insel entfernt wohnen die Menschen vor der Küste in Stelzen-wohnungen und schmeißen wirklich alles ins Wasser. Ich weiß nicht, wie man dazu kommt, Müll einfach auf den Boden zu werfen. Auch Raucher, die ihre Zigaretten-stummel am liebsten aus dem Auto werfen, sind der absolute Wahnsinn. Über Raucher gesprochen, die haben wir hier eigentlich sehr wenig gesehen!

Die Dörfer selbst sind kleine traditionellen Fischerdörfer, insofern ich das in der Dunkelheit sehen kann. Die Häuser und Geschäfte schauen so trostlos aus. Was noch auffällt sind die enorme Anzahl an Straßenhunde. So viele haben wir in Ecuador noch nicht gesehen. Wir verlassen den Strandweg und fahren durch den Machalilla Nationalpark, ein gebirgiges Gebiet mit einem tropischen Regenwald, voller Howler Monkeys, Eichhörnchen, Hirschen, Schlangen, Vögel und Leguane. Warum die meisten Menschen nach Puerto Lopez fahren, ist wegen der vorgelagerten Insel Isla de la Plata, auch poor (arm) oder Klein Galapagos genannt. Wenn dir die Kosten für die Galapagos zu hoch sind, bietet diese Insel eine gute Alternative. Sicherlich in der jetzigen Zeit, Juni bis September, da ist das Meer rundum die Insel eine wahre Krabbelstube von jungen Buckelwalen. Sie kommen von Chile zu diesem Gebiet geschwommen, um ihre Babys zu gebären und größer werden zu lassen. Der tropische Strand Los Frailes Beach gehört ebenso zum Nationalpark und wäre eine Idee für morgen, unseren letzten Tag der Reise.

Als wir uns Puerto Lopez nähern, sehen wir die Lichter der Stadt schon vor uns und ich bin erstaunt über die Größe. Das hätte ich dann doch nicht erwartet. Ecuador ist in Südamerika zwar eines der kleinsten Länder, dafür zugleich das am dichtesten besiedelte. Wie der Nachbarstaat Peru besteht Ecuador aus drei unterschiedlichen Regionen: der Pazifikküste, dem Andenhochland und dem Amazonasbecken. Nur schon diese Vielfalt übt einen magischen Zauber auf die Besucher aus. Von den mit Schnee bedeckten Gipfeln der Sechstausender ist es nur eine Tagesfahrt zum dichten dampfenden Regenwald des Amazonas oder zu den tropischen Stränden von Puerto Lopez.

Das Städtchen schaut dementsprechend touristisch aus. Nicht direkt mit Touristen, sondern mit Geschäften, Restaurants und Tourenanbieter. Als wir in die Straße, an der unser Hotel liegt, einbiegen, verspricht das nicht viel Gutes. So eine karge armselige Gegend. Jedoch hinter der Schiebetüre liegen niedliche Bungalows im schönen

Garten und wir werden vom freundlichen Personal begrüßt.

Es ist bereits 9 Uhr abends und wir haben alle drei nicht viel gegessen. Drei Blöcke vom Hotel entfernt, finden wir ein nettes Lokal inklusive allerhand benachbarten Sauf- und Beachclub Laden. Da geht es am Abend sicherlich rund. So lange bleiben wir nicht, nach dem Essen verschwinden wir schnell Richtung Bett.

Straßenhunde

Nach einem späten Frühstück wandern wir in die Stadt. Es war irgendwie zu erwarten, dass auch am letzten Tag wettertechnisch nicht unsere Wünsche berücksichtigt werden. Das heißt, es hat zwar 20° C, trotzdem ist es nebelig und eine leichte Brise weht. Also nicht direkt Badewetter. Stattdessen wandern wir durch die Stadt und wie wir gestern schon festgestellt haben, wimmelt es hier von den Straßenhunden. Romy hat sich gleich einige wirklich kranke Hunde eingefangen. Als ob es die Tiere spüren, dass jetzt jemand da ist, um zu helfen. Leider müssen wir feststellen, dass wir den Tieren hier nicht helfen können. „Wir können ihnen zumindest einen schönen Tag bescheren", sagt Romy. Dazu haben die Mädels im Supermarkt Hunde- und Katzenfutter gekauft und jeder Straßenhund kann sich an dem guten Trockenfutter bedienen. Und weil Katzenfreund Martha inzwischen gesehen hat, wie Romy den Hunden hilft, kümmert sie sich um die Katzen.

Der Ort selbst ist, wie schon gesagt, nicht so spannend. Die Restaurants echt typisch für hier, ganz karg eingerichtet. Vor jedem Lokal ein Mann oder eine Frau mit der Menükarte in der Hand. Und von jedem wirst du angesprochen. Eigentlich nervt das total! Das gleiche dann mit den Tourenanbietern. Alle möchten die letzten freien Plätze an Bord eines Schiffes, welches Isla de la

Plata ansteuert, kombiniert mit schönem Strand oder mit Whale Watching, verkaufen. Die wirklichen Bonbons sind so eigentlich nicht herauszufiltern.

Am letzten Tag fahren wir zurück zum Flughafen Guayaquil. Als Überraschung habe ich für die Mädels ein Upgrade in die Business Class organisiert. Manchmal muss man sich einfach etwas gönnen. Und wer weiß, vielleicht war es meine letzte gemeinsame große Reise mit Romy. Immerhin wird sie 17 Jahre und es wird immer fraglicher, ob sie noch mit Mama verreisen soll, oder doch lieber die Welt mit Freundinnen kennenlernen will. Während die Maschine auf dem Rollway Gas gibt, abhebt und langsam zum Himmel steuert, verabschiede ich mich von Ecuador und seine enormen Landriesen. Manchmal in der Form von Schildkröten, in der Form der enormen Vulkane und genauso in der Form des Flugzeuges. Es bleibt ein erstaunliches Gerät, womit du am Land eigentlich nichts anfangen kannst und so in der Luft voll zu Recht kommst.

Riesen Landschildkröten & Seelöwen Santa Cruz

Begegnungen mit den Seelöwen | Kleinflugzeug

Strandtag San Cristobal | Faszinierende Tierwelt

Straßenhunde | Das fantastische Team in Ecuador

TRAVELKID „abenteuerlich einfach"

Fernreisen und Kinder passen wunderbar zusammen. Unter dem Motto *„abenteuerlich einfach"* stellt **TRAVELKID**, ein sehr dynamisches Internet-Unternehmen, Reisen in entfernte und exotische Länder vor – maßgeschneidert für Familien mit Kindern.

TRAVELKID kommt ohne Hochglanzprospekte oder überflüssige Fransen aus, im Internet (www.travelkid.at) ist alles Wissenswerte zu finden. Dabei geht Klasse vor Masse: jede Fernreise wird gemeinsam mit einem lokalen Reisebüro individuell zusammengestellt. Nicht zuletzt der Gast profitiert davon, dass diese Agenturen ihr Land und das touristische Angebot wie ihre Westentasche kennen.

Da die **TRAVELKID** Reiseziele außerhalb des europäischen Kulturkreises liegen, kommt die Familie in Kontakt mit anderen Menschen, fremden Kulturen und Religionen, unbekannten Gebräuchen und ungewohnter Mentalität. Besonders das Reisen <u>mit</u> Kindern bietet den

Erwachsenen die Möglichkeit, die Welt einmal mit den Augen der Kinder zu sehen – ein erstaunliches Erlebnis. Und weil diese Rundreisen nur im individuellen Rahmen stattfinden, gibt's statt Bettenburgen kleine, feine, sehr authentische Unterkünfte, meist mit Pool, Strandnähe oder Spielplatz und von Einheimischen geführt. Auch Reisebusse haben hier nichts zu suchen, **TRAVELKID** nützt für die Ecuador Reisen einen Transfer mit spanisch-sprechenden Chauffeuren, damit du den Urlaub auch wirklich genießen kannst.

Jetzt heißt es also abstimmen, wohin die Reise geht: nach Sri Lanka für die Besteigung des Löwenfelsens und zum Tempel des Zahns, nach Bali zum Vulkan-Bestaunen und Delphin-Beobachten, nach Namibia für eine Safari und Dünenbesteigung oder doch nach Ecuador, um die beeindruckende Tierwelt und die enormen Vulkanen und tropischen Regenwälder zu sehen?

Ecuador ist eine interessante und kinderfreundliche Destination und **TRAVELKID** liefert ein ergreifendes und abwechslungsreiches Programm, abgestimmt auf „junge und alte" Kinderwünsche.

Wenn du mit deiner Familie auch gerne eine Reise nach Ecuador unternehmen willst, dann schicke einfach ein E-Mail an info@travelkid.at für ein unverbindliches Angebot.

TRAVELKID Reisetipps

T = Transport

In Ecuador und Galapagos wirst du verschiedene Transportmittel benützen. Von öffentlichen Verkehrsmitteln, über Zugfahrten bis zum Flugzeug ist alles dabei. Den Großteil der Reise legst du mit einem Auto zurück. Dabei wirst du von einem spanischsprechenden Chauffeur begleitet. Nur wenn Ausflüge auf dem Programm stehen, organisieren wir einen englischsprechenden Reiseleiter.

R = Reisedokumente

Reisepass
Der Reisepass muss bei der Einreise noch mindestens 6 Monate gültig sein. Im Reisepass muss noch mindestens eine freie Seite im Bereich „Sichtvermerk" sein.

Visum
Österreichische, deutsche und Schweizer Staatsbürger benötigen für einen Aufenthalt von maximal 90 Tagen kein Einreisevisum.

Reisen mit Minderjährigen

Sollte das Kind einen anderen Namen tragen als der mit dem Kind reisende Elternteil, so ist die Vorlage der Original-Geburtsurkunde beim Check-In am Flughafen notwendig. Wenn minderjährige Kinder mit nur einem

Elternteil verreisen, ist eine notariell beglaubigte Einwilligung des anderen Elternteils vorzulegen. Das gilt auch, wenn Kinder ohne ihre leiblichen Eltern oder mit ihren Großeltern verreisen.

Impfungen
Wir empfehlen dir, dich rechtzeitig vor der Abreise mit einem Tropenarzt in Verbindung zu setzen, um dich über entsprechende Gesundheitsvorsorge und die eventuellen Impfungen zu informieren. Unsere Angaben zu den Impfungen sind nur als Empfehlungen anzusehen, dafür kann von TRAVELKID verständlicherweise keine Haftung übernommen werden.

Reisende, die aus einem von der WHO als „High risk" eingestuften Land mit akutem Gelbfieberausbruch (wie Brasilien) einreisen und Touristen, die in die Amazonas-provinzen Ecuadors weiterreisen möchten, müssen einen internationalen Impfpass vorweisen können. Die Impfung gegen Gelbfieber ist mindestens 10 Tage vor Reisebeginn durchzuführen.

Weiterführende Informationen dazu erteilt dir ein Tropen- oder Hygiene-Institut, z. B. das Zentrum für Reisemedizin in Deutschland.

A = Alter der Teilnehmer

Aufgrund der großen Höhenunterschiede in Ecuador, empfehlen wir die Ecuador Rundreise für Kinder ab 8 Jahren und älter. Südliches Ecuador und die Galapagos sind auch mit jüngeren Kindern gut machbar.

V = Valuta

Die Währungseinheit von Ecuador und Galapagos ist der US-Dollar. Mit der OANDA App kannst du die Währung jederzeit in Euro umrechnen.

Euros in bar werden bei jeder Bank in US-Dollars eingetauscht. In allen größeren Städten des Landes kann man mit der EC-Karte oder Kreditkarte mit PIN an den Bankautomaten Geld abheben. Bitte beachte, dass du die Karte nur bei einem Automaten mit einem Maestro- oder Cirrus-Logo benutzen kannst. Vergiss nicht, das „Geo-Control" bei deiner Maestro Karte vor deiner Reise zu deaktivieren!

E = Elektrizität

Die Netzspannung in Ecuador und Galapagos beträgt 110 Volt/60 Hz. Für die flachpoligen Steckdosen in Ecuador ist ein Adapter erforderlich.

L = Logis

Bei der Hotelauswahl für eine Rundreise durch Ecuador hat TRAVELKID landestypische, kleine Unterkünfte getestet und ausgewählt. Die Möglichkeiten werden bei der Erstellung eines Angebots bekannt gegeben.

K = Klima & Beste Reisezeit

Ecuador ist klimatisch ebenso vielfältig wie seine Natur. Pauschal lässt sich keine beste Reisezeit für Ecuador bestimmen. Da der Äquator mitten durch das Land verläuft, ist es im Flachland tropisch schwül. Viele Städte und Orte liegen jedoch hoch in den Anden, wo es zur gleichen Zeit wiederum recht kühl werden kann.

Die beste Reisezeit für Ecuador ist dabei der Frühsommer, wenn alle Landesteile gleichermaßen gut besucht werden können. Dies umfasst auch die Galapagos Inseln. Im zentralen Hochland von Ecuador mit der Hauptstadt Quito ist die Zeit zwischen Juni und September ideal.

An der Pazifikküste dauert die Regenzeit von Januar bis April und ist aufgrund der hohen Temperaturen und Luftfeuchtigkeit nicht zu empfehlen. Für Badeferien beginnt die beste Reisezeit für Ecuador im Mai. Die beste Reisezeit für Ecuador umfasst sowohl die Sommerferienmonate Juni - August als auch die Weihnachtszeit bis Januar. Wenn du Wale beobachten möchtest, musst du in den Sommerferien nach Ecuador reisen.

I = Internationale Zeitverschiebung

Der Zeitunterschied zwischen Österreich und Ecuador und Galapagos beträgt im Sommer minus 7 Stunden.

D = Dinner und anderes Essen

Das Frühstück ist bei einer Rundreise immer inkludiert, damit du den Tag gemütlich anfangen kannst. Sonst bekommst du in Ecuador eine bunte Mischung auf dem Tisch serviert.

Wichtige Adressen

Botschaft Ecuador in Österreich
Goldschmiedgasse 10
1010 Wien
Telefon: +43 - 1 – 535 3208

Botschaft der Republik Ecuador in Deutschland
Joachimstaler Strasse 10 - 12
10719 Berlin
Tel. +49 – 30 – 800 969 500

Ambassade Equateur in der Schweiz
Kramgasse 54
3011 Bern
Tel. + 41 – 31 – 351 1755

Konsulat von Österreich
Ecuador Gaspar de Villaroel E9-53
Quito
Tel. +593 – 2 – 246 9700

Deutsche Botschaft
Avenida Naciones Unidas y Republica de El Salvador 14
Quita
Tel: +593 – 2 – 297 0815

Schweizerische Botschaft
Juan Pablo Sanz y Avenida Amazonas 3617
Quito
Tel. +593 – 2 – 243 4113

Fremdenverkehrsamt Ecuador
Joachimstaler Strasse 12
10719 Berlin - Deutschland
Tel. +49 – 30 – 800 9695
http://ecuador.travel/

TRAVELKID Fernreisen GmbH & Co KG

Dein spezialisierter Reiseveranstalter für eine Ecuador Reise – von der Zusammenstellung der Reise über Hotelreservierung bis hin zu Flugbuchungen oder des Reise-Tagebuches für Kinder sowie das Abschließen einer Storno- und Reiseversicherung bei der Europäischen.

Sonnengarten 8 Top 12 - 5700 Zell am See - Österreich
www.travelkid.at | info@travelkid.at
Tel: +43 6542 93080

Meine anderen Bücher

36 Farbbilder
übersichtliche Karte Togo und Benin
140 Seiten
ausführliche Informationen
detaillierte Reiseroute
ISBN 987-3-7528–6052-8
Preis: € 14,00
1. Auflage 2018

Lehmhütte
Mit meiner Tochter auf Abenteuerreise durch Westafrika

Bei vielen Eltern stehen Länder wie Togo und Benin nicht oben auf der Wunschliste, wenn es um die nächste Familienreise geht. Aber warum eigentlich nicht?

Kragten lernte in Togo und Benin die mystische Voodoo Kultur, die niedlichen Lehmhäuser, die prachtvollen Menschen und die bunte Tierwelt kennen. Begleitet von einem privaten Chauffeur reist die Autorin gemeinsam mit ihrer Tochter durch Westafrika und berichtet über die Herzlichkeit der Menschen und die Einfachheit, womit diese Länder zu bereisen sind.

Dieser Reisebericht **Lehmhütte** – *mit meiner Tochter auf Abenteuerreise durch Togo und Benin* – steckt wieder voller

Geheimtipps und sollte eine Motivation für Familien sein, Westafrika zu besuchen.

„Die Lehmhütte ist voll funktionsfähig, inklusive Küche, Mühle, Schlafzimmer und Vorratskammer, sogar mit Wechselstube."

27 Fotos
übersichtliche Russland Karte
160 Seiten
Ausführliche Informationen
Detaillierte Reiseroute
ISBN 978-3-7412-3870-3
Preis: € 14,00
1. Auflage 2019

Bummelzug
mit meiner Tochter auf Abenteuerreise mit der Transsib

Weil die Autorin Patrice Kragten und ihre Tochter Romy
jährlich die Entscheidung für ihre Reisedestination ab-
tauschen, führt es Kragten zu Destinationen, die ihr in
erster Linie nicht besonders interessieren. Romy ihr
Wunsch nach Russland zu fahren, lies sich mit der legendären Transsibirischen Eisenbahn und mit einer Rundreise in der Mongolei gut kombinieren und versprach im
Vorfeld sogar etwas Aufregung. Endlos weite Land-
schaften voller Jurten, Schafen und Yaks wurden mit
kulturellem Erbgut aus alten buddhistischen Zeiten in
der Mongolei abgewechselt und Gruselgeschichten über
Horroressen in den Jurtencamp gnadenlos aufgelöst.

Um die lange faszinierende Strecke mit der legendären
Transsibirischen Eisenbahn zu unterbrechen, entpuppten
sich Kasan und die Insel Olchon als absolute Highlights
dieser Reise. Die Tatarenstadt mit dem traumhaften
Kreml und die karge Schamaneninsel hätten nicht

unterschiedlicher sein können. Zugleich lernt die Autorin, durch die langen Zugfahrten, eine neue Form von Reisen kennen. Sitzen, nichts tun und doch Reisen!

Dieser Reisebericht **Bummelzug** – *mit meiner Tochter auf Abenteuerreise mit der Transsib* - steckt voller Reisetipps und zeigt andermal, dass Vorwürfe zu haben, nicht immer die beste Voraussetzung für Entdeckungsreisen sind, sondern dass das Unbekannte das Kriterium sein sollte.

„Auf der Insel Olchon gibt es für Vieh keine Zäune. Romy ruft ein Pferd, welches 2 KM weiter weg frei herumläuft. Es spitzt die Ohren, kommt in vollem Galopp angerannt und bleibt 5 Meter vor Romy stehen. Romy und Tiere sind eine seltsame Kombination."

16 Farbbilder
übersichtliche Karte Amerika
164 Seiten
Ausführliche Informationen
Detaillierte Reiseroute
ISBN 987-3-7460-9735-0
Preis: € 14,00
1. Auflage 2018

Glitzerstadt
Mit meiner Tochter auf Abenteuerreise durch Amerika

The American Dream ist ein bedeutender Bestandteil der amerikanischen Kultur und die Menschen glauben fest daran, dass sie sich, durch harte Arbeit, ein besseres Leben schaffen können. Für die Autorin Patrice Kragten hat the American Dream eine andere Bedeutung, indem sie sich, nach 30 Jahren Träumen, ihren Traum verwirklicht. In Begleitung ihrer 15-jährigen Tochter Romy (und einer Freundin) wird das raue Cowboy Leben auf zweierlei Ranches erprobt. Pferdeduft und Staubwolken werden mit Kakteen und Wranglers zum echten Wild West Feeling vereint. Einige Monate später besucht die Autorin Amerika, wegen ihrer Arbeit für TRAVELKID Fernreisen, nochmals.

In diesem Reisebericht **Glitzerstadt** – *mit meiner Tochter auf Abenteuerreise durch West Amerika* – berichtet Kragten über den faszinierenden Wilden Westen, besucht zahlreiche rote Schluchten, lernt spannende Aktivitäten kennen, flaniert in glamourösen Weltmetropolen und übernachtet in einer traditionellen Navajo Unterkunft. Und wie gewohnt stecken ihre Reiseberichte voller Geheimtipps für Familien, die West Amerika besuchen möchten.

„Die Glitzerstadt hat eine magische Wirkung auf Romy. Sie möchte unbedingt mal hierhin zurückkommen, wenn Sie an den Hebeln der geldverschlingenden, leuchtenden Gambler Automaten ziehen darf."

20 Fotos
übersichtliche Costa Rica Karte
248 Seiten
Ausführliche Informationen
Detaillierte Reiseroute
ISBN 978-3-8448-0164-4
Preis: € 16,00
1. Auflage 2011, 2. Auflage 2016
Neuauflage Januar 2017

Dschungelfieber
mit meiner Tochter auf Abenteuerreise durch Costa Rica

Rauchende Vulkane, freundliche Ticos, saftig grüne Regenwälder, farbenfrohe Dschungeltiere, coole Cowboys und prächtige Strände. Das sind die würzigen Zutaten einer abwechslungsreichen Costa Rica Reise. In diesem neuen TRAVELKID Reisebericht **Dschungelfieber –** *mit meiner Tochter auf Abenteuerreise durch Costa Rica –* erzählt die Autorin Patrice Kragten von ihren Erlebnissen während der Abenteuerreise durch „die reiche Küste", die sie gemeinsam mit ihrer 7-jährigen Tochter Romy im Sommer 2010 unternommen hat. Im Sommer 2016 haben die Zwei Costa Rica nochmals besucht und dabei den Süden erkundet.

Kragten: „Mit einem 4x4 Auto legten wir gemütlich 1.500 Kilometer zurück. Wir besuchten den damals weltweit aktivsten Vulkan El Arenal, erkundeten verschiedenste

Regenwälder zu Fuß, mit dem Boot oder auf dem Rücken eines Vierbeiners. Dabei haben wir die typischen Dschungeltiere wie Giftpfeilfrösche und Faultiere kennen gelernt. Und einige unvorhersehbare Abenteuer kreuzten unseren Weg..."

„Aber wir haben uns vor allem den Traum-Spruch der Ticos, der gleichzeitig auch das Lebensmotto dieses freundlichen Völkchens ist, angeeignet. Also „Pura Vida", genieße das Leben!"

18 Fotos
übersichtliche Sri Lanka Karte
116 Seiten
Ausführliche Informationen
Detaillierte Reiseroute
ISBN 9-783-7431-6553-3
Preis: € 11,80
1. Auflage 2016
Neuauflage Januar 2017

Löwentatzen
Mit meiner Tochter auf Abenteuerreise durch Sri Lanka

Die gigantischen Löwentatzen hoch oben auf dem Löwenfelsen in Sigiriya lassen den Umfang des früheren Königspalasts ein wenig erraten. Genauso immens sind die alten Königsstädte Polonnaruwa und Kandy.

Im **TRAVELKID** Reisebericht **Löwentatzen** – *mit meiner Tochter auf Abenteuerreise durch Sri Lanka* - entdeckt die Autorin Patrice Kragten gemeinsam mit ihrer 13-jährigen Tochter diese und andere Weltkulturen der UNESCO, an denen Sri Lanka reich ist. Ganz spannend sind die Safaris in den Nationalparks Yala oder Minneriya, abenteuerlich ist die Zugfahrt von Kandy nach Nuwara Eliya und sportlich die Radtour in Pollonaruwa. Begleitet werden Kragten und Tochter von ihrem privaten Chauffeur Keerthi, durchaus üblich für eine Sri Lanka Reise.

Entdecke wie leicht „die Perle im indischen Ozean" mit Kindern machbar ist, staune über die enorme Anzahl der Teeplantagen im Landesinneren und genieße die perlenweißen Strände der Küste.

„Damit die Menschen nach dem Bürgerkrieg ihr Land wieder aufbauen können, ist mir der Fair Trade Gedanke sehr wichtig. Ich verhelfe lieber einem Chauffeur zu einem guten Job, als Geld in eine internationale Mietwagen-Firma zu stecken."

24 Fotos
übersichtliche Indonesien Karte
168 Seiten
Ausführliche Informationen
Detaillierte Reiseroute
ISBN 978-3-7431-6533-5
Preis: € 14,00
1. Auflage 2009 | 2. Auflage 2016
Neuauflage Januar 2017

Reisfelder
mit meiner Tochter auf Abenteuerreise durch Indonesien

In diesem neuen TRAVELKID Reisebericht **Reisfelder –** *mit meiner Tochter auf Abenteuerreise durch Indonesien -* berichtet Patrice Kragten von ihren Erfahrungen während einer 5-wöchigen Rundreise durch Java und Bali, die sie gemeinsam mit ihrer 6-jährigen Tochter Romy im Oktober 2008 unternommen hat. Ob der Bericht jetzt von buddhistischer Baukunst des Borobodurs, der Freilassung der Meeresschildkröte Chili oder von den Wanderungen durch Reisfelder handelt - die Holländerin hat überall nützliche Informationen für das Unternehmen einer Fernreise mit Kindern eingebunden.

Während einer zweiten Reise werden neue Hotels und spannende Aktivitäten für TRAVELKID Fernreisen auf Kindertauglichkeit getestet.

Kragten: „Mit einem Auto, sowie einem hilfsbereiten Chauffeur und einem engagierten Reiseleiter, legte ich über 1.800 Kilometer zurück. Ich besuchte mit meiner Tochter den weltberühmten Borobodur, wanderten durch und radelten entlang saftig grüner Reisfelder, standen im Krater eines schlafenden Vulkans, haben den Glauben der Indonesier kennen gelernt und schwammen im azurblauen Bali See."

Der Reisebericht, verständlich und einfach geschrieben, soll einerseits Informationen bieten für diejenigen, die demnächst mit Kindern eine Bali Reise unternehmen möchten. Anderseits sollten die Erfahrungen dazu dienen, dass Familien sich trauen, eine Fernreise mit den Kindern, in diesem Fall nach Indonesien, zu unternehmen.

Ich frage Romy ganz vorsichtig, ob sie vielleicht Angst vor der Schlange hat, worauf sie antwortet: „Ich? Nein, ich habe eh Bergschuhe an!"

18 Farbbilder
übersichtliche Malaysia Karte
160 Seiten
Ausführliche Informationen
Detaillierte Reiseroute
ISBN 978-3-7431-6523-2
Preis: € 14,00
1. Auflage 2015
Neuauflage Januar 2017

Affentheater
mit meiner Tochter auf Abenteuerreise durch Malaysia

Im Gegensatz zum nördlichen Nachbarn Thailand, ist Malaysia noch so etwas wie eine Unbekannte. In diesem TRAVELKID Reisebericht Affentheater – *mit meiner Tochter auf Abenteuerreise durch Malaysia* - entdeckt die Autorin gemeinsam mit ihrer 11-jährigen Tochter die unterschiedlichsten Facetten von Malaysia und wird dabei feststellen, dass sie die Wunder Malaysias nicht allein mit bloßem Auge erfassen kann. Auf dem Festland beobachtet sie Flora und Fauna im Nationalpark Taman Negara, findet in Kuala Lumpur ein reiches kulturelles Erbe und ist über eine große Auswahl an köstlichen Gerichten beeindruckt.

Im Vergleich zu West-Malaysia findet Kragten auf Borneo nochmals eine andere Welt. Borneo ist mehr eine Naturreise mit exotischen Tieren und Pflanzen, mit kilometerlangen Flussläufen, welche sich durch den dichten Dschungel schlängeln, mit versteckt liegenden Ansiedlungen mitten im Regenwald, welche sich oft nur mit Booten erreichen lassen und weißen Pulverstränden auf wahrhaft paradiesischen Inseln. Malaysia macht definitiv Lust auf mehr

„Wir stehen bei einem Busch und laut Sapri sitzt die Schlange genau vor uns. Romy hat eigentlich ein ganz gutes Gespür für Wildtiere und sieht sie meistens schneller wie ich. Jetzt stößt auch sie an ihre Grenzen."

24 Farbbilder
übersichtliche Namibia Karte
204 Seiten
Ausführliche Informationen
Detaillierte Reiseroute
ISBN 978-3-7431-5442-1
Preis: € 14,00
1. Auflage 2009 | 2. Auflage 2015
Neuauflage Januar 2017

Elefantenspuren
mit meiner Tochter auf Abenteuerreise durch Namibia

In dem ersten TRAVELKID Reisebericht **Elefanten-spuren** – *mit meiner Tochter auf Abenteuerreise durch Nami-bia* - berichtet Patrice Kragten über ihre Erfahrungen während den Rundreisen durch Namibia, die sie gemeinsam mit ihrer Tochter Romy im April 2009 und Juli 2012 unternommen hat. Ob der Bericht jetzt von roten Sanddünen der Sossus Vlei, den Himba-Frauen aus Opuwo oder den Wildtieren Etoshas handelt - die Holländerin hat überall nützliche Informationen für das Unternehmen einer Fernreise mit Kindern eingebunden.

Kragten: „Mit einem 4x4 Fahrzeug, ausgestattet mit einem Dachzelt in dem wir meistens übernachtet haben, legten wir während beiden Reisen 3.760 Kilometer zurück. Wir haben die roten Sanddünen bestiegen, wo unsere Fußabdrücke so groß wie Elefantenspuren geworden sind. Wir besuchten das Himba Volk, die zwar

Elefanten kennen, aber keine Ahnung haben, was ein Hai ist. Und natürlich folgten wir im Etosha Nationalpark den Spuren der Elefanten."

"Romy schenkt einem Himba-Kind einen Hai aus Plastik. Die Mutter des Kindes weiß was ein Elefant ist, hat aber keine Ahnung, was der Hai für ein Tier ist und wo er lebt."

22 Fotos
übersichtliche China Karte
176 Seiten
Ausführliche Informationen
Detaillierte Reiseroute
ISBN 978-3-7431-0241-5
Preis: € 14,00
1. Auflage 2013
Neuauflage Januar 2017

Steinhaufen
Mit meiner Tochter auf Abenteuerreise durch China

Weltberühmte Sehenswürdigkeiten wie die Terrakotta-Armee und die chinesische Mauer werden mit weniger bekannten Reisezielen wie der Innenstadt von Lijiang oder dem versteinerten Wald von Shilin abgewechselt. In diesem TRAVELKID Reisebericht **Steinhaufen** – *mit meiner Tochter auf Abenteuerreise durch China* - entdeckt die Autorin gemeinsam mit ihrer 9-jährigen Tochter diese und andere Weltkultur- und Weltnaturerbe der UNESCO, an denen China reich ist.

Außerdem hat sie mehrere unterschiedliche Transportmittel von Bahn bis Flugzeug, von Fahrrad bis Bambusfloß und Tuktuk benutzt und damit die Weltmetropolen Peking und Hong Kong erkundet, sowie die saftig grünen Reisterrassen von Longshen und das prachtvolle Karstgebirge rundum Yangshuo entdeckt. Die traumhafte Landschaft der unbekannten und nichttouristischen inneren Mongolei, im Norden Chinas, haben die beiden mit Pferden ausgeforscht.

„Das eine Kind wird die Schönheit der Chinesischen Mauer, der verbotenen Stadt, des Karstgebirges oder einer mongolischen Gedenkstätte erkennen, während das andere Kind diese einzigartigen UNESCO Weltkultur- und Weltnaturerbe als einen Steinhaufen bezeichnet."

Dankwort

„Wen anders als die Natur können wir fragen, um zu wissen, wie wir leben sollen, um wohl zu leben?"

- Christoph Martin Wieland -

Lieve Romy, ik hoop, dat dit niet onze laatste verre reis was. Reizen met jou is altijd een feest. Ik ben enorm trots op je, hoe je in het leven staat en het reizen gebruikt, om het positieve ergens uit te halen.

Liebe Martha, vielen Dank für die tolle Begleitung. Es war eine schöne Zeit mit dir, jederzeit wieder!

Ein großes Dankeschön geht an das Team in Ecuador: Lydia, Nicole, Alejandra und Ivonne für die fantastische Unterstützung bei der Zusammenstellung dieser Reise.

Natürlich ein Dankeschön an Manuela, dafür das mein Deutsch auch Deutsch für die Allgemeinheit wird.

Und dieses Mal wieder ein kleines Dankeschön an Garth Brooks für seine treffenden Worte in meinem Lieblingslied: *„How you ever gonna know."*